# プーチンの戦争

中川浩一

GENTOSHA

# はじめに

私は外務省時代、外交官として一時期、戦時下のバグダッド市内にある在イラク日本大使館で勤務しました。

銃弾やミサイルが飛び交い、爆弾が炸裂する日々のなかで脳裏をよぎったのは、母国日本の平和で安穏な日常生活でした。

戦争とは無縁のあの生活を、日本人はいつまで享受していられるだろうか、と漠然と不安を抱いたことを覚えています。

帰国後15年、その予感がまさか的中したというわけではないでしょうが、日本が防衛費を2倍に増やし、アメリカから弾道ミサイルを購入するなど戦争に備えて準備を始めるようになろうとは夢にも思いませんでした。

2023年春、ニュースは、1年前にウクライナで勃発した戦争が、長期戦に及ぶことを伝えています。

有事や戦争は、自分たちとは無縁の遠いところに存在するものではなく、ある日、突然牙を剝《む》いて襲いかかり、平穏な日常を戦場に変える、想像もできない恐怖と残虐性を秘めています。

今、ウクライナで行われている戦争は、両国が一斉に始めたものではなく、ロシアが隣国に通告なしに一方的に攻撃を仕掛けたものです。

日本は三方で、海を隔て日本を敵視し核兵器を保有する専制主義の覇権国家と対峙《たいじ》しています。

地政学的にも逃れようのない、世界で最も危険な国です。

隣国の中国は、日本が日米同盟のもとで経済大国となり、平和を享受している間に、世界の工場といわれる経済力で着々と防衛力を増強し、すでに人口30万人以上のすべての日本の都市に照準を合わせて、弾道ミサイルを配備し終えたといわれています。

それらには核ミサイルが搭載可能なのです。

中国は今や、恒常的に日本の領海内に侵入し、2022年8月、ついに日本のEEZ（排他的経済水域）内に狙いを定めて弾道ミサイルを着弾させました。

この日を境に、日本は戦争の脅威が間近に迫っていることを意識させられ、危機にさらされることになりました。

でも、

日米同盟があるのでだいじょうぶ。

専守防衛を掲げているからだいじょうぶ。

憲法9条の平和憲法があるからだいじょうぶ。

国連が、国際法が世界平和を守ってくれるからだいじょうぶ。

民主主義が、平和をもたらしてくれるからだいじょうぶ。

……などと、思っていませんか。

そう思いたい気持ちはわかりますが、その理屈が通らないのは、ウクライナを見れば明らかです。

戦争は、まさにそれらの「だいじょうぶ」を根こそぎ破壊し、全滅させる行為だからです。

イラクやイスラエルやパレスチナで、日常的に見慣れた、銃を持つ市民の姿は今、ロシア、ウクライナ、そして台湾でも見ることができます。

日本人だけが銃を持たないですむ時代が、この先、いつまで続くかは誰にもわかりません。

それを知っている唯一の人物がいるとしたら、日本に攻め込む策略を日々練っている隣国の最高指導者ということになります。

ロシアに攻め入られたとき、逃亡先を確保し逃げることをアメリカから勧められたウクライナのゼレンスキー大統領は、「逃亡先の代わりに武器を！」と言い放ち、母国ウクライナを守るために、自ら国民の先頭に立って戦うことを決意。その精神は今も変わることなく、戦い続けています。

その姿を見て、ウクライナ国民もまた、自国のために戦うことを選びました。

戦争は、いったん始まれば、ウクライナのように男女差なく、国民も銃を手にとり戦うしかない。

台湾では2023年に入り、中国による圧力がますます強まり、軍事侵攻の危機感が高まる中、有事に備えて小学生でも軍事訓練に駆り出されています。

小学6年生の男の子がピストルを握り、実戦の動きを取り入れた射撃訓練を行っています。訓練で使用される弾はプラスチックですが、銃の形や重さは軍が使っているものとほぼ一緒です。

感情や思想を超えて、自分を護《まも》るために、家族を護るために、国を護るために戦う、それが戦争なのです。

さて、私たちの国の総理大臣や首脳陣は、相手国が日本に攻め入ってきたとき、ゼレンスキー大統領のように、日本を守るために国民の先頭に立って戦うことを決意し、戦い続けることができるでしょうか。

私たちもまた武器をとり、自国を護るために戦うことを選ぶ日が、遠からず来ないという保証はありません。

唯一、隣国の最高指導者が、戦争をすることがいかに愚かであるかに気づき、平和で経済的に豊かになる道を歩む方が、戦争をするよりはるかに国民を幸福にするということに目覚めたとき、戦争の危険は去ります。

その賢明な選択肢を選ぶことを願うばかりですが、残念ながらその可能性は高くないかもしれません。

日本もまた、相手国の最高指導者に戦争をさせないために、戦争を回避させるために、同盟国アメリカとともに、国民あげて平和を守るために備え、そのためにできることに全力で取り組まなくてはなりません。

そして、何としても、日本を敵視する国の、戦争を起こそうとするその芽を摘まなくてはなりません。

そのためには、日本は、さらなる経済力、技術力、防衛力に裏打ちされた、大胆かつ繊細な外交を推し進める必要があります。

そして、最悪の事態を招かないために、国民が今、何を成すべきか、何を行うべきかを、日常のレベルで考え、行動しなくてはなりません。私たち一人一人が、その現実に目を背《そむ》けず、真正面から向き合うことでしか、この危機を乗り越える道はありません。

今、アメリカはじめ西側陣営が、ウクライナに物資や武器を供与し、後方支援でともに戦っているのは、この戦争が民主主義陣営対専制主義陣営の戦いであると同時に、自分の持ち場で一人一人、自国のために命がけで戦うウクライナの人々の姿を、世界は見過ごし、見捨てることができないからです。

日本では、まだ銃弾の飛び交う戦争は始まっていません。

しかし、戦争を起こさないためには、私たちの日常に、すでに平和を脅《おびや》かす様々な要因やリスクがあることに気づかなくてはなりません。そのリスクを見つけたら、すぐに声をあげ、皆と共有し、その芽を早めに摘むことが肝要です。

そんな一人一人の日常の心構えとその積み重ねと日々の努力が、私たちの命を守り、日本に戦争を仕掛けてくる国への強固な抑止力となり、何より私たちの国の平和を維持する力となるはずです。

中川浩一

プーチンの戦争　目次

## 第2章　戦争犯罪人　プーチンを裁けるか

## 第3章 プーチンはスマホに勝てるのか

# 第4章　プーチンは核を使えるのか

装丁　石川直美（カメガイ デザイン オフィス）
編集協力　㈱スーパーサウルス
（落合篤子・坂口香津美）
DTP　美創

第1章

# プーチンはゼレンスキーに勝てるのか

## 年の差26歳の2人の大統領、しぶといのはどちらか

ウクライナの第6代大統領に就任したゼレンスキー氏は、2019年12月9日、パリのフランス大統領府エリゼ宮で、ドイツのメルケル首相（当時）、フランスのマクロン大統領の両者を立会人に、ロシアのプーチン大統領と会談しました。

この日が初顔合わせの2人。当時、ゼレンスキー大統領41歳、プーチン大統領67歳。隣国同士、26歳と親子ほど年の差のある最高指導者の2人が、どうしてこの場所にいるのかというと、国際的にウクライナの領土と見なされているクリミア半島を2014年3月18日、ロシアが一方的に力によって併合。その後に起こったウクライナ東部の紛争（ウクライナ危機）の和平プロセスの協議を行うのが、主たる目的でした。

会談後の記者会見で、「ロシアの大統領と我々は、まったく逆の見解を持つが、対話で解決策を見つけたい」とゼレンスキー氏が呼びかけるも、プーチン氏はそれには応えず、表情も変えず、黙々と険しい顔つきで何やらメモにペンを走らせていました。

隣国の大統領が、対話で解決策を、という民主主義の原則が通じない相手であることを、

若い指導者はその後、知ることになるのです。2022年2月24日、自国の首都キーウに侵攻してきたロシアの軍隊によって。

プーチン氏とゼレンスキー氏、この2人の最高指導者のこれからを、幾多の戦火にまみれた中東の歴史からひもといてみます。

2011年、中東各地で起こった「アラブの春」で、エジプト・ムバラク大統領、リビア・カダフィ大統領、イエメン・サーレハ大統領、チュニジア・ベンアリ大統領ら、独裁者の政権は食料を求める市民のデモを発端として、無残に倒れました。

これらの政権は、国民生活の立て直しに失敗し、アメリカ・オバマ政権の援軍も受けられず、逆に刺客を送られ、ものの見事に砕け散りました。

これに対して、最後まで倒れなかったのは、オバマ政権には見放されたものの、強力な軍事介入を許し、プーチン氏を後ろ盾にしたシリア・アサド大統領、世界第2位の原油生産国のサウジアラビア・アブドゥッラー国王、同じく原油が豊富なUAE（アラブ首長国連邦）・ハリーファ大統領でした。

2023年5月19日、シリアのアサド大統領は、サウジアラビアで開催されたアラブ連盟首脳会議に出席し、世界にその健在ぶりをアピールしました。

さて、世界が注視するなか、国連憲章など我関せずとばかりに、ウクライナ国内で軍事侵攻を続けるプーチン氏とロシアの今後はどうなるのでしょうか。

ここで重要になるのが中国の存在です。ウクライナでのロシア軍の戦況を知るに及んで、異例の政権3期目に突入した中国の習近平国家主席は、この戦争の〝仲介役〟を務めることで国際的な地位を確立し、そのことによって、ひいてはグローバルサウス（新興・途上国）の国々にも影響を与えたいと目論んでいます。

ロシアへの武器供与についても、中国は表向きには行っていないと主張していますが、今後の情勢の変化によっては、北朝鮮やイランのように、ロシアに武器供与する可能性は否定できません。

ウクライナへの侵攻から1年以上たっていますが、ロシアはEU（欧州連合）やNATO（北大西洋条約機構）から経済制裁を受け、原油や天然ガスをこれらの加盟国に輸出できない状況が続いています。そのため、原油や天然ガスを安価で大量に中国やインドに売りつけることのできるメリットは大きく、結果として制裁の抜け穴となっています。それがロシア国内の経済への打撃を最小限に食い止めることにつながっているのです。

これまでのように、中国、インド両大国の経済協力を受けられるならば、プーチン氏率いるロシアは今後も国力を保ち続けると思います。

戦争が長期化すればするほど、欧州にとっても経済制裁によるエネルギー危機はいっそう深刻化し、実際にウクライナ支援にも温度差やかげりがすでに出てきています。戦況はエネルギー大国、食糧大国のロシアに有利に傾く可能性さえあるのです。

一方、ウクライナを支援するアメリカやEUの状況はどうでしょうか。ウクライナ戦争が始まって以降、アメリカは戦況をにらみながら、ウクライナに武器支援等を続けてきました。

しかし、2022年11月に行われた中間選挙で、上院は民主党が勝利したものの、下院を共和党に奪取されねじれ状態となったバイデン政権が、これまでのような規模でウクライナ支援を継続できるかは不透明です。

EUもまた、予測されていたこととはいえ、エネルギー危機に瀕《ひん》しています。これまでロシア産のエネルギーに頼り切っていた生活から、そのエネルギーを得られない時代に突入した今、新たなエネルギーの供給源の確保が急務です。

そこで、浮かび上がっている候補の一つがイランです。

世界第8位（2021年当時）の原油産油国イランから原油を輸入することができれば、欧州全域をカバーするには十分でないにしても、当面のエネルギー危機を乗り越えることが可能となります。

しかし、イランはアメリカが敵対する強権の専制主義国家であると同時に、ロシアに殺傷能力を有する攻撃型ドローンをすでに供与し、そのドローンでロシアはウクライナを攻撃しています。

EUとしては、アメリカ、イラン双方が再び核合意に戻り、アメリカによる対イラン制裁が解除され、イランの原油が欧州に供給されることを夢見ていますが、実際にはイランの核兵器開発は最終段階にあるとされ、アメリカ、イラン双方とも安易な妥結ができようはずもなく、その道は極めて厳しいといわざるを得ません。

それどころか、もしイランが早晩、核開発を成功させた暁《あかつき》には、イスラエルはイランを攻撃すると公言しており、イランとの戦争が始まる可能性さえ、現実味を帯びているのです。

## 動員令をすんなり出すプーチンの本性を甘く見るな

2022年初頭、ウクライナ国境付近に、15万人以上のロシア軍兵士が集結している様子を、米英の人工衛星が精緻にとらえました。

それらの映像を、アメリカはいち早くウクライナに提供した上で、ロシアの軍隊がウクライナの侵攻に向けて準備している衛星写真を警告とともに世界に発信しました。プーチン大統領は意に介さず、友好国のベラルーシで弾道ミサイルの発射テストなどの軍事演習を行いました。

「ウクライナは歴史的に、常にロシアの一部分であった。スターリンに不法に付与された旧ソビエト連邦の領土、ウクライナを取りもどさなくてはならない」

プーチン氏は、安全保障会議を開き、2014年に、ウクライナから武力でクリミア半島を奪い取ったときと同じ内容の演説を行いました。

「ウクライナ東部2州（ドネツク州、ルガンスク州）に居住する親ロシア派が、ウクライナのネオナチ（極右民族主義）から攻撃を受けている。彼らの権利を保護するために、我々は領土を奪還しなければならない」

そんな言葉で、プーチン氏は2022年2月21日、ドネツク州、ルガンスク州を「ドネツク人民共和国」「ルガンスク人民共和国」として、ウクライナからの分離独立を一方的に承認する大統領令に署名。

そして、これらの地域に「平和維持」を目的に特別軍事作戦としてロシア軍を派遣することを指示。その3日後に、ウクライナ全土に軍事侵攻を開始したのです。

ウクライナへの軍事侵攻は、プーチン大統領の私的な歴史的妄想と覇権主義的な野望が混在し開始されましたが、未だに戦争が終わる気配はありません。

そんななか、プーチン氏の暴挙を止めることのできるロシア国内で唯一の人物ではないかといわれているのが側近の大統領補佐官を務めるメジンスキー氏です。メジンスキー氏の考えや思想は、プーチン大統領に少なからず影響を与えているといわれています。

メジンスキー氏はウクライナ出身で、父親はチェルノブイリ原子力発電所事故の処理作業員で、年齢はプーチン大統領より18歳年下、現在52歳です。

モスクワ国際関係大学の国際ジャーナリズム学部を卒業後、アメリカ・ワシントンD.C.で旧ソ連大使館広報部の研修生を経て政治の世界に入りました。

プーチン氏が一時期、長期政権に就くための戦略として、大統領職を退いて首相であった時代、メドヴェージェフ政権で2012年から文化大臣を務めました。

その後、大統領に返り咲いたプーチン氏に重用され、2020年から今日まで大統領補佐官を務めています。

ジャーナリストや作家でもあるメジンスキー氏は、自身の著書『ロシアについての神話』で、ロシアにおける抑圧・弾圧の歴史を正当化しているといわれています。

古典主義と伝統的な価値観に夢中になっている民族主義者と評されるメジンスキー氏は、プーチン氏の理論的支柱として知られ、帝政ロシア時代の歴史観や民族意識を植えつけるとともに、今回のウクライナ侵攻を正当化する役割を担っているといわれています。

2022年9月21日、プーチン氏は、ウクライナ侵攻で勝利するために、国民から予備《よび》役《えき》を部分的に招集・動員すると表明しました。

予備役とは、一般社会で生活している軍隊在籍の経験のある人です。

「戦争に動員されたら、死ぬか、生き残るために誰かを殺すしか道がない」

動員令をかけられて、ようやく戦争の残虐性に気づいた人々が反対デモを起こしました。

デモ参加者は次々と警察に拘束され、その中には、その場で召集令状を手渡されて戦場送りとなった人もいます。

独裁者のプーチン氏の脳内宇宙には、一般常識と道徳と理性を超えた世界が存在するようで、それを止められないのであれば、プーチン氏は今後もあらゆる手段を用いてウクライナを攻撃し続けるでしょう。2000年から20年以上も最高指導者であり続けるロシアの皇帝、プーチン氏の本性を世界は甘く見てはいけません。

## 黒海に面した白亜のプーチン宮殿

ウクライナ侵攻2日前の2022年2月22日夜、ロシアのプーチン大統領は、国内外のメディアを前に、オスマン帝国について自論を展開しました。

オスマン帝国は、13世紀末から20世紀初頭に存在したイスラム教スンナ派の大帝国で、バルカン半島から地中海に進出。イスラム教世界の盟主として、16世紀に全盛期を迎え、ヨーロッパのキリスト教世界に大きな脅威を与えました。

メフメト2世は、オスマン帝国の第7代皇帝で、コンスタンティノープル（現在のトルコの都市イスタンブールの前身）を攻略して東ローマ帝国を滅ぼし、オスマン帝国の勢力範囲を大幅に広げたことから征服王と呼ばれました。征服王メフメト2世は、黒海をオスマン帝国の内海《ないかい》にしようと力を尽くしました。

征服王メフメト2世にならって、黒海をロシアの内海にしようと企てているのではないか。プーチン氏のクリミア半島の併合やウクライナへの侵攻を見ると、そんな野望と狂気を感じます。

北の大国ロシアは常に海へ出るために、冬でも使用可能な不凍港を求めていました。18世紀前半、ピョートル大帝は黒海への南下政策を始めました。その後、エカチェリーナ2世は1774年、オスマン帝国から黒海の自由航行権を獲得し、黒海北岸の一部を割譲させました。さらに1792年、ヨーロッパがフランス革命による騒乱の中にある隙を突いて、クリミア半島を併合し、黒海に臨む南西部にある良港セヴァストポリを獲得しました。

その後、セヴァストポリは紆余曲折を経て2014年、ロシアによるクリミア併合により黒海艦隊基地となりました。

しかし、黒海は、いつの時代にも、どの国の支配下にも置かれず、ロシアの内海にもなっていません。

そんな人間の野望などどこ吹く風とばかりに、黒海は、今も悠然と水をたたえています。

さて今、プーチン氏の別荘といわれる豪邸の一つは、ロシア黒海沿岸のリゾート地、ゲレンジーク付近にあります。

「プーチン宮殿」

とネットで検索すれば誰でも自由にのぞき見ることができます。

敷地総面積はモナコ公国の約39倍といわれるこのプーチン宮殿、黒海を一望する高台にあり、まさに皇帝が住むにふさわしい豪壮な建物であることがわかります。

ちなみに、この宮殿に、安倍晋三元総理が招かれたという記録はありません。

さて、このプーチン氏の宮殿のある場所から東に行くと、今や再びウクライナが奪還しようとしているクリミア半島へとたどり着きます。プーチン宮殿が、クリミア半島と意外に近い距離にあることに驚くでしょう。

プーチン氏はクリミア半島を手放してまでこの戦争を停戦に持ち込むつもりは毛頭ないようです。今も、この白亜の宮殿で、メフメト2世やピョートル大帝も成し遂げられなかった黒海を内海とする夢を、皇帝になる野心を、変わらずに持ち続け、密かに心をたぎらせているのではないでしょうか。

## ユダヤ人であるゼレンスキーはウクライナで戦い続けられるのか

ウクライナのゼレンスキー大統領はユダヤ人で、親戚の多くがナチス・ドイツによるユダヤ人絶滅政策ホロコーストで命を落としました。イスラエルは、ユダヤ人が作った民主主義の国です。

ロシアのウクライナへの軍事侵攻の直後、イスラエル国内では、イスラエルの国籍を有しているゼレンスキー氏が、身の安全を確保してイスラエルに逃げるためにロシアと合意を結ぶか否かが話題になりました。

事実、ゼレンスキー氏はロシアのウクライナ侵攻直後、国外への亡命をアメリカからも打診されました。しかし、それらの言葉には一切耳を傾けず、国内に留《とど》まり、今も国民とともに戦い続けています。

このまま、ゼレンスキー氏はウクライナに留まり、戦い続けることができるでしょうか？　その答えを見つけるには、パレスチナ解放機構（ＰＬＯ）のアラファト議長、アフガニスタンのガニ大統領、北アフリカ・チュニジアのベンアリ大統領の３人の中東の最高指導者による決断が参考になるかもしれません。

1人目は、アラファト議長です。

2003年9月9日、イスラエルのテルアビブの中心部で、2件の自爆テロがほぼ同時に発生し、実行犯2人を含む20人以上が死亡、約130人が負傷しました。

PLOの主流派ファタハの武装組織およびパレスチナ過激派が犯行声明を発表。イスラエル政府は直ちに、アラファト議長を「和平への障害」として追放する方針を決定しました。

しかし、アラファト議長は、イスラエルの方針に徹底抗戦すると表明。ヨルダン川西岸ラマッラの議長府前で、議長支持を叫ぶパレスチナ人の群衆を前に「私はここにいる」と演説し、自らの意志を明確にしました。

2人目は、ガニ大統領です。

2021年8月、アフガニスタンから米軍が全面撤退。タリバンが首都カブールに迫ったのを受け、ガニ大統領は自己保身を優先し、国民に背を向けて国外に脱出、ガニ政権は崩壊しました。

逃亡する際、真偽は不明ながら、ガニ大統領はヘリコプターで車4台分にのぼる多額の現金を持ち出した、との情報が流れました。

UAE（アラブ首長国連邦）は、ガニ大統領とその家族を人道上の理由から受け入れました。

3人目は、ベンアリ大統領です。

23年間もの長期政権を維持しましたが2011年1月、失業問題や汚職に抗議する激しいデモが続いているなか、ベンアリ大統領はサウジアラビアに亡命し、政権は崩壊しました。

その後、本人不在のまま、ベンアリ大統領は、チュニジアで裁判にかけられ、一連の反政府運動においてデモ鎮圧を軍に命じ、参加者を多数死亡させた容疑で、終身刑の判決が言い渡されました。

ベンアリ大統領は2019年9月、亡命先のサウジアラビアで83歳で死去しました。

1992年、アラファト議長はかねてから親交のあったノルウェーのホルスト外相の仲介によって、オスロで、イスラエルのラビン首相と秘密裡に交渉を行い、両者は歴史的合意（相互承認）にこぎつけます。

それを受けて、アメリカのクリントン大統領もPLOをパレスチナの唯一の合法的代表と認め、1993年、ワシントンD.C.のホワイトハウスで、イスラエル政府とPLOとの間で合意文書「パレスチナ暫定自治に関する原則宣言（オスロ合意）」が調印されました。

1994年、アラファト議長はオスロ合意を評価され、イスラエルのラビン首相、ペレス外相とともにノーベル平和賞を受賞しました。

オスロ合意に寄せられた世界の期待は大きく、当時、和平への機運は一気に高まりましたが、その後、イスラエルとパレスチナの交渉は頓挫し現在に至っています。

このパレスチナで私は外交官として1998年から2001年の約3年間勤務し、その間約20回、アラファト議長の通訳を担当しました。

祖国独立のために、イスラエルとの交渉に臨むアラファト議長の鋭い眼光は、パレスチナの民衆への愛が根底にあることが見て取れ、その放つオーラには常に圧倒されました。

そのアラファト議長は、アメリカ、イスラエルからは「エルサレムの法的地位」「難民の帰還」等、和平交渉で譲歩しない頑固な人物として厳しく批判されましたが、パレスチナ民衆からは「パレスチナ人の夢を放棄しなかった英雄」として賞賛されるなかで、20

04年に永眠しました。

そして今、西側メディアは、ウクライナ戦争勃発以来、自己防衛と野望の達成のためには核兵器使用をも公然と口にするプーチン大統領と敵対し、徹底抗戦するゼレンスキー氏を英雄のように伝えています。

戦争が長期化しつつあるなか、ゼレンスキー氏には次のことが問われています。今後も民衆とともに歩み、内外の様々に襲いかかる危機と対峙《たいじ》し、妥協を許さなかったアラファト議長のような覚悟はあるか。真の政治家、真のリーダーになれるか。最高指導者としてこれからいかなる道を歩むか。退路を断ったゼレンスキー氏の決断がウクライナの明暗を決めることになります。

## 安倍晋三元総理はプーチンに食い込んでいたか

長期化するウクライナ戦争において、プーチン大統領の首に鈴を付け、戦争中止を呼びかけることのできる人物がいるとしたら、それは大国意識丸出しのアメリカのバイデン大統領でも、中国の習近平国家主席でもなく、プーチン氏と昵懇《じっこん》だった安倍晋三元総理と、ドイツのアンゲラ・メルケル前首相だけで、その安倍氏が暗殺された今、最後の希望をメルケル氏に託したいと思います。

安倍氏は総理時代、日露平和条約の締結を悲願として通算27回首脳会談を行い、11回訪露するなど、プーチン氏との交渉を続けました。

2016年12月には、プーチン氏を地元の山口県に招くなど、頻繁《ひんぱん》に首脳会談を重ねてきた安倍氏ですが、それほど交流があったにもかかわらず、ウクライナへの侵攻をやめるようにプーチン氏に直言しなかったのはなぜだったのでしょうか？

国内外においても、安倍氏に期待する声は少なくなかったと私の耳にも伝わっていました。

亡くなる1カ月半前、2022年5月26日の英誌『エコノミスト』のインタビューで安倍氏が語っていた言葉です。

「ウクライナの侵攻前なら、戦争を回避することは可能だったかもしれない。ウクライナのゼレンスキー大統領に、NATOに加盟しないと約束させるか、東部の2つの飛び地（ウクライナ東部のドネツク州とルガンスク州）に高度な自治権を認めさせれば、戦争を回避できたかもしれない。難しいが、アメリカの指導者ならできたでしょう。しかし、ゼレンスキー氏は拒否しただろう」

現在4期目で2024年3月に任期満了を迎えるプーチン氏は、その後も最大2期12年、2036年、84歳まで大統領職に留《とど》まり続けることが可能です。

安倍氏は、先のインタビューで、プーチン氏を「権力を信じると同時に現実主義者でもある」と分析しています。

「ウクライナに寄り添い、ロシアの侵攻に徹底的に反対するしか日本が選択する道はない。それが、第2次世界大戦後につくられた国際秩序を守る道だと思います」

また、2022年4月、安倍氏は、福島県郡山市の講演でも、侵攻に踏み切ったプーチン氏について語っています。

「プーチン氏は自分の力を過信した結果、こういうことになった。ウクライナの『祖国を守る』という決意の強さを見誤った。今からでも、何とか停戦を実現させ、ロシア軍をウクライナの地から撤退させなければならない」

侵攻後も折にふれて、バイデン大統領は間接的に戦争を止めるようにプーチン大統領に呼びかけてきましたが、戦争を止めることはできないままでいます。

大国のリーダーができなくても安倍氏ならもしかしてプーチン氏を止められるのでは、

と誰もが一度は思い描いたのではないでしょうか。

安倍氏に近い人物は安倍氏が暗殺される1カ月前の2022年6月、雑誌のインタビューで、次のように語っています。

「やはり今、現役の総理でないことが大きいと思います。もし、現役で、コロナ禍でないという条件つきなら、(安倍氏は) トランプに先制攻撃したように、プーチンに対しても黙ってはいないでしょう」

確かに、安倍氏は、現役の総理であったらモスクワに飛ぶなりして、何らかのアクションを起こしていたでしょう。

しかし、安倍氏とプーチン氏は、驚くほどの回数、会談を積み上げてきていますが、本当の意味での個人的な信頼と意思疎通はできていなかったのではないでしょうか。

そこには、言語の壁が、立ちはだかっているからです。

プーチン氏の歴史的な暴挙を止められるのは、「ロシア語ができる安倍総理」のような人物ではないかと、私は思います。

安倍氏が本当に、ロシアと平和条約を締結し、北方領土を奪還したいと考えたなら、また、ウクライナ侵攻を止めたいと願っていたなら、日常会話程度でもいいから、プーチン氏の母国語のロシア語を学ぶべきでした。

それを実行していたら、より関係は親密になり、ロシア国民にもアピールして、北方領土問題も前進していたかもしれません。またウクライナ情勢についても、プーチン氏に適切な助言をして、ウクライナ戦争を止めることができたかもしれません。

これは、安倍氏はじめ日本の首脳や、中東の首脳らのアラビア語の同時通訳を務め、現在も言語を武器に世界で仕事をしている私の実感です。「心の扉」を開ける魔力が言語にはあるのです。

## ロシア語が話せるメルケルはプーチンの扱い方を知っている

ところで、安倍晋三元総理が外交の武器として使えなかったロシア語を、プーチン大統領との外交で縦横に使い、独自の外交力を展開したのがドイツのメルケル前首相でした。

メルケル氏は、現役の首相時代、2021年12月8日に退任し政界を引退するまでの4期16年間、プーチン氏との会談では流暢《りゅうちょう》なロシア語を操り、時に、プーチン氏の暴挙を抑え込んできました。

メルケル氏は、旧西ドイツのハンブルクで生まれましたが、ルター派教会の牧師である父親は、メルケル氏が生まれた数週間後に、国境を越えて旧東ドイツへ移住。ソ連軍が駐留していたその国で育ったメルケル氏は、ここでロシア語を学ぶ機会を得ました。

当時、東ドイツの学校では、ロシア語を外国語として教えていました。

メルケル氏の語学力は極めて優秀で、全国大会で3度も優勝するなど、多くのロシア語コンテストで優勝しています。

メルケル氏とプーチン氏はいずれも、東ドイツで1989年11月のベルリンの壁の崩壊を経験しています。

この歴史的な出来事は、メルケル氏にとって、東ドイツという監視国家からの解放を意味しました。当時35歳で科学者だったメルケル氏は、キリスト教民主同盟に入党。後に党首となり、2005年11月、ドイツ初の女性首相となったのです。

一方、ソ連の諜報《ちょうほう》機関KGB（国家保安委員会）のスパイとして、東ドイツで勤務していたプーチン氏は、ベルリンの壁の崩壊に続くソ連の崩壊によって、自らが仕える帝国を完全に失ったのです。

公衆の面前では決してロシア語を話さないメルケル氏は、首相として2005年、モスクワを訪問。プーチン氏は花束を持って出迎えました。

2人は通訳を介さず、直接ロシア語で会談。

プーチン氏もまた、ベルリンにメルケル氏を訪問した際は、ロシア語ではなくドイツ語で会話をしました。

2歳違い(プーチン氏が2歳年上)の両者は、ともにソ連の崩壊前後を生きた人物として細かなニュアンスまで話が通じる間柄といいます。

2006年10月、チェチェン紛争におけるロシアの残忍さを記事にしたロシア人ジャーナリストが射殺されるという事件が起こりました。

数日後、会合の行われるドレスデンでプーチン氏を出迎えたメルケル氏は、報道陣の前でプーチン氏に、「この殺人事件は必ず解決されなければならない」と言い放ちました。チェチェン紛争で、プーチン氏の指揮下、多くの人権侵害と残虐行為が行われていることを指摘し、非難したのです。

意表を突かれたプーチン氏は思わず、「あのジャーナリストはロシア政府をこきおろしたんだ」と返すのがやっとだったといいます。

また2014年、ロシアがウクライナ南部のクリミア半島を一方的に併合した際は、メルケル氏はプーチン氏に「領土の一体性に対する侵害だ」と厳しく批判しました。

メルケル氏が首相としてモスクワを最後に訪れたのは2021年8月、ロシアのウクライナ侵攻の半年前でした。

最後となる首脳会談で、引退するメルケル氏に花束を贈ったプーチン氏。2人の会談は、この日で30回目でした。

今後のウクライナ問題、人権、民主主義などが議題にあがりましたが、最後まで議論は平行線で終わりました。

欧米と亀裂を深める一方のロシアと16年間向き合ってきたメルケル氏が、会談後の記者会見で残した言葉は「対話以外の選択肢はない」でした。その時点でメルケル氏は、自分にかつての影響力がすでにないことを自覚し、そのことを側近に漏らしていました。

「パワー・ポリティクス（政治的権力）の観点から言えば、私はもうおしまいだった。プーチンにとって大事なのはパワー（権力）だけだ」と。

対するプーチン氏はメルケル氏との外交について、「ロシアとドイツには政治的な違いがある。様々な困難にぶつかったけれど、我々の力で、協力の規模は増え、対話のチャンネルを開けておくことはできた。そして、ものごとを少し前に進めることができた」と語っています。

メルケル氏は、2021年12月に退任しましたが、最後まで戦争に頼るプーチン氏の政治を嫌悪し、その政策を完全な失敗と見なしていました。

メルケル氏が首相を退任してから約2カ月後、プーチン氏はメルケル氏が反対を表明したウクライナ戦争に打って出るわけですが、それでも私は、今も「プーチン氏の狂気を止めることができる人物」は、ロシア語で深く本音の対話ができるメルケル氏をおいて他にないと思っています。

ロシアの文化を敬い、世界のリーダーの誰よりもプーチン氏の扱い方を知るメルケル氏なら、すでに泥沼化している戦争の矛を収めさせることができるかもしれない。そこに一縷《いちる》の希望がまだ残されていると信じたいと思います。

とはいえ、退任後のメルケル氏の評価は、ドイツ国内では真っ二つに割れています。

2023年4月17日、メルケル氏はドイツ政府から最高位の功労勲章を授与されましたが、在任時の高い人気と裏腹に、今も対ロシア政策をめぐり批判にさらされています。

とくに、プーチン氏に対する姿勢や、ロシア産エネルギーへの依存という、ウクライナ紛争で露呈した脆弱《ぜいじゃく》性。加えて、2023年4月15日、稼働中の原子力発電所3基が運転を停止して「脱原発」が完了しましたが、原発停止への国民の支持は低下。２０１１年、その脱原発の前倒しを行ったメルケル氏は、２０１５年のシリア・イラク難民の受け入れといった決定も併せて批判を浴び続けています。

## おろおろするグテーレスの無力

２０１７年から第９代国連事務総長を務めるアントニオ・グテーレス氏は、今回のロシアのウクライナ侵攻に対して、停戦、休戦、和解、いずれも達成できず、平和を希求する国際社会の期待を裏切っています。

今や、国連の権威は失墜。この戦争でどれだけ人が死のうが、何もできない国連の存在意義は薄れる一方です。

国連が機能不全に陥っているのか、事務総長が不適任なのか、それとも両方なのか。あるいは、日本人が国連を理想化し過度な期待を抱きすぎているのか。

ここまで無力ならいっそのこと、ロシアのプーチン大統領とウクライナのゼレンスキー大統領の両者と直接会談ができる、トルコのエルドアン大統領や中国の習近平国家主席に、停戦、休戦、和解の交渉を一任したらと思う人もいそうですが、それは難しいと思います。

２０２３年２月６日、トルコ南部のシリア国境近くで起きた、マグニチュード７・８の巨大地震への備えと対応が不十分だったとして、エルドアン氏には批判が巻き起こっています。

20年間にわたって強権で権威主義的な政治を続けるエルドアン氏は、被災者の救助と被災地の復興や国内経済の立て直しという重い課題に取り組まなくてはなりません。２０２３年５月28日、エルドアン氏は大統領選の決選投票の末、再選を果たしましたが、まずは国民の信託に応えることに集中するのではないでしょうか。

一方、習近平氏は２０２３年２月に仲介案を提示し、その後特使を派遣しましたが、チベット、香港の人権侵害や、新疆ウイグル自治区におけるジェノサイド（民族の集団虐殺）を現在も行っている当事者であることに加え、武力による台湾併合を口にする人物に、その大役を任せていいわけがありません。

２０２２年２月22日、ロシアがウクライナに侵攻する２日前、グテーレス氏はモスクワを訪問し、プーチン氏とラブロフ外相と会談しました。

「銃声を沈黙させなければならない」

と戦争を始めないように直談判したものの、グテーレス氏の言葉は2人に一蹴され、2日後の2月24日、ロシア軍は特別軍事作戦と銘打ってウクライナに軍事侵攻しました。

直ちに招集された国連総会の特別緊急会合で「特別軍事作戦の目的は、ウクライナ政府から大量虐殺を受けている人々を守ることです」とロシアのネベンジャ国連大使は、特別軍事作戦の正当性を発言しましたが、対するウクライナの国連大使は、ロシアの大使に激しい糾弾の言葉を浴びせました。

「国連安保理の常任理事国のロシアは、自ら戦争を始めるのではなく、戦争を止めるのが本来の役割ではないのか。今すぐ、プーチン大統領とラブロフ外相に電話をして、侵攻をやめさせろ!」と。

特別緊急会合の終了後、グテーレス氏は、目に涙を浮かべながらプーチン氏に呼びかけました。

「プーチン大統領、あなたは欧州(ウクライナのこと)で戦争を始めてはいけない」

国連の安全保障理事会(安保理)は、世界の平和と安全保障を維持する特別な任務を負っています。しかし、今回のロシアのウクライナ侵攻に対してその役割を果たすことができずにいます。

安保理は、アメリカ、イギリス、フランス、ロシア、中国の5つの常任理事国と、総会の選挙で決められる任期2年の10の非常任理事国の15カ国で構成されています。

日本は、2023年1月から2年間、通算12回目の非常任理事国メンバーに選出されました。これは、国連加盟国の中で最も多く、日本がいかに国際社会から信頼を勝ち得ているかの証左であり、このことは誇るべき栄誉と思います。

国連が戦争を止められないのは、戦争当事国のロシアが常任理事国であるがゆえにこの紛争の決議案について拒否権を発動しているのが最大の理由であり、まさに不条理の極みです。

「ロシアの行為はジェノサイドだ」

ゼレンスキー大統領が何度、グテーレス氏に訴えても、グテーレス氏はおろおろするばかりで、プーチン氏の暴挙を止めることができないのが現状です。

ただ、グテーレス氏が〝無力〟であるのには理由があります。

国連の事務総長は、平和への努力が失敗に終わった場合、国連憲章第7章の規定に基づき、加盟国による「より強力な軍事行動（武力行使）」を承認しなくてはなりません。これは、安保理が設立し、事務総長の指揮のもとに置かれる平和維持活動とは異なります。

安保理は、加盟国が紛争に対処できるように、軍事行動も含めた「すべての必要な措置」をとる権限を加盟国に与えています。

その権限は1991年、イラク侵攻後のクウェートの主権を回復するために加盟国に与えられ行使されました。

そのほか、ソマリア（1992年）、ハイチ（1994年）、アルバニア（1997年）、東ティモール（1999年および2006年）、また、リビア（2011年）でもこの権限が与えられ行使されました。

それができたのも、安保理の中心に世界最強の軍事力を持つアメリカがいてこその軍事行動でした。しかし、今回のロシアの軍事侵攻についてアメリカは、侵攻前に早々と「ウクライナには派兵しない」と宣言。「アメリカが参戦すると核保有国同士の戦争になり、第3次世界大戦を引き起こす」とバイデン大統領は発言し世界を失望と不安に陥れました。

アメリカが衰退する契機となったのは、2003年、国連安保理の決議を経ることなくアメリカが一方的に仕掛けたイラク戦争でした。

当時のアナン国連事務総長は、アメリカの行動を激しく非難したものの、アメリカは自らが掲げる民主主義の正当性と国益を優先し、その結果、イラクで完全な勝利を得ることなく、疲弊し、撤退を余儀なくされました。

かつての世界の警察官としての役割を返上し、自国ファーストとなったアメリカは、今回のロシアのウクライナ侵攻に対しても決定的な力を及ぼすことができずにいます。

ウクライナへの侵攻から約2カ月後の2022年4月26日、グテーレス氏は再びモスクワを訪問し、プーチン氏と会談を行いました。

「ウクライナ侵攻は、国連憲章に完全に背《そむ》くものだ」

グテーレス氏の発言に、プーチン氏は国連憲章なんて意味がないとばかりに木で鼻をくくったように、自国の侵攻の正当性を繰り返し主張しました。

安保理の決議案に対する常任理事国5カ国の拒否権の乱用は、米英仏の民主主義陣営と中露の専制主義陣営の分裂（分断）となって、今や、国際社会にとって看過できない深刻な病巣となっています。

分断によってロシアのウクライナ侵攻のみならず、北朝鮮の核実験やミサイル発射など、様々な問題に対しても安保理として統一した行動をとれなくなり、それが機能不全を招いているのです。

これを、国連の試練ととるか、新たな枠組みを再構築するための準備期間ととるか。加盟国は選択を迫られています。

グテーレス氏が安保理理事国とともにウクライナ戦争を終わらせることができなければ、最悪の場合、この戦争は欧州や世界に飛び火して、第3次世界大戦へと拡大する可能性があります。

そうならないために、2023年のG7（主要7カ国首脳会議）議長国で安保理非常任理事国でもある日本は、5月19日から21日まで開催されたG7広島サミットの後も、引き続きグテーレス氏とともに平和を牽引する存在となるべきです。

## 無差別殺人、大量虐殺、人権問題に触れられたくない国々

「ウクライナで亡くなった人たちや、これから亡くなるかもしれない人たちのために、黙《もく》禱《とう》を捧げよう」

ロシアのウクライナ侵攻の翌日の2022年2月25日、ロシアによるウクライナへの軍事侵攻をめぐり、緊急開催された国連の安全保障理事会で、ウクライナのキスリツァ国連大使が黙禱を呼びかけると、ロシアのネベンジャ国連大使が遮《さえぎ》ろうとしました。

しかし、制止をふりきってキスリツァ氏が数秒間の黙禱を捧げると、他の多くの国々も賛同し追随しました。

その間、議場は静まりかえり、黙禱を終えたキスリツァ氏が謝意を述べると、議場から拍手が起こりました。

この黙禱の直前に行われた決議案は、「ロシアの軍事侵攻に強い懸念を示すと同時に、ウクライナの主権と領土の一体性を改めて確認し、ロシア軍の即時撤退を求める」との内容で、日本なども含めおよそ80カ国が共同で提案したものです。

採決の結果、理事国15カ国のうち11カ国が賛成。中国、インド、UAE（アラブ首長国連邦）は棄権。議長国で常任理事国のロシアのネベンジャ国連大使が拒否権を行使したため、決議案は否決されました。

「ロシアとウクライナの両国間にどんなに複雑な歴史的背景があるにせよ、今起きていることは、国際法違反の欺瞞《ぎまん》に満ちた行為だ。占領軍を平和維持軍と呼び、自衛権を主張するロシアの軍事侵攻は狂気の沙汰だ。無責任な常任理事国ロシアが権限を乱用し、国連と国際社会のシステムを破壊した」

こう言って、ウクライナのキスリツァ大使はロシアを厳しく非難しました。

5日後の3月2日、国連総会は、安保理でロシアが非難決議案に拒否権を発動したことを受けて、緊急特別会合を招集。

安保理の要請による招集は、1982年以来40年ぶりで、日米など96カ国が共同提案。ロシアに「軍の即時かつ無条件の撤退」を求めた上で、「ウクライナ東部の親ロシア派支配地域の独立承認の撤回」も要請。ロシアによるウクライナ侵攻を、最も強い言葉で非難し遺憾の意を表す内容です。

決議は、日本やアメリカなど141カ国の賛成多数で採択されました。

ロシア、ベラルーシ、シリア、北朝鮮、エリトリアの5カ国が反対し、中国やインドなど35カ国は棄権しました。

緊急特別会合での決議案は採択されたものの、安保理決議と違い、総会決議に法的拘束力はなく、あくまで国際社会への勧告にすぎません。

それでも、多くの国々が結束して、ロシアの孤立を印象づける役割を果たしました。

国連が、ロシアが始めた戦争を止められない理由としては、ロシア自身が、安保理の常任理事国として拒否権を行使できることに加え次の2点があげられます。

1点目は、かつてのアメリカのように、ロシアに武力で対抗できる旗振り役が今、国連の加盟国にいないこと。アメリカはロシアが侵攻したウクライナには派兵せず、情報提供や武器供与のみに徹しています。

そして2点目は、これが最も深刻といえますが、アメリカやイギリスの民主主義の押しつけに反旗をひるがえす国々の台頭です。

ロシアがウクライナで行っていることは十分酷《むご》いが、欧米諸国にはロシアの行為を批判する権利はない。欧米諸国は自分たちだけが正義の側に立っている、というのが中東やアフリカ諸国やラテンアメリカなど、かつて植民地政策や戦争で痛めつけられ、搾取され続けてきたグローバルサウスの国々が日頃、抱いている不満の感情なのです。

その不満や憤りが一斉に噴き出すのが国連の場ともいえます。ロシアのウクライナ侵攻から約1カ月半後の2022年4月7日、国連人権理事会で行われた「ロシアの理事国の資格を停止する総会決議」の採決でも、それは顕在化しました。

総会決議の議題は、ウクライナの首都キーウ近郊のブチャで、ロシア軍が占領を終えて撤退した後、街なかの道路に、後ろ手に縛られた民間人の複数の遺体が横たわっているのが見つかった問題です。

ロシア政府はその事実を今も否定していますが、ブチャ上空からの人工衛星の画像をはじめとする複数の証拠から、ロシア軍による無差別殺人であることが立証されており、明らかに国際法違反、国連憲章違反の人権侵害です。

「このような非道な戦争犯罪を引き起こした国が、人権理事会の理事国に留まるのは極めて不適切だ」とアメリカ、イギリス、日本などが共同で議題を提案したものです。

採決の参加国は175カ国で、採決の結果、欧米各国のほか日本や韓国など合わせて93カ国が賛成。反対は、当事国のロシアのほか、中国、北朝鮮など24カ国。棄権は、インドやブラジル、メキシコなど58カ国。「棄権と無投票を除いた国」の3分の2以上の賛成で、決議は採択。反対や棄権を選択した国の多さが目をひきます。

国連安保理の常任理事国でありながら、人権理事会の理事国の資格を喪失したロシアの存在は、国連そのものの権威と信頼性を根底から揺るがしています。

決議に反対した国々の「反対した理由」を列挙してみます。

中国の国連大使は、「人権問題の政治化に断固として反対する。人権問題をめぐる対立的なアプローチに反対し、また人権の名のもとに他の国に圧力をかけることに断固反対する」と主張。

中東では、イラン、シリア、アルジェリアが反対を表明。中東諸国には、今なおイラク戦争におけるアメリカ、イギリスのやり方は欺瞞《ぎまん》であるとの不信感が根強くあるのです。

イラク戦争は2003年、「イラクが大量破壊兵器（核兵器）を保有している」として、アメリカが主体となり、イギリス、オーストラリアなどが有志連合を結成し、国連安保理の承認を得ないまま、イラクへ侵攻した軍事介入です。

イラクのNGO団体は、2003年から2011年までのこの戦争によるイラクの民間人の死者数は、10万人から11万人と発表、大量の人命が犠牲になったにもかかわらず、大量破壊兵器は、ついに発見されませんでした。

このように一方的に戦争を仕掛けたアメリカ、イギリスなどに対する中東諸国の感情は複雑で、今でも極めて冷ややかです。

そういう背景が根底にある中東諸国は、ウクライナに軍事侵攻したロシアがどれだけ非道で人権を踏みにじるような戦争犯罪を引き起こしたとしても、米欧主導の民主主義、人権を振りかざした制裁や圧力に対しては、どうしても消極的な選択をしてしまうのです。

決議に棄権した国々の中でインドは、ロシアから武器を購入しており、これまでも国連総会や国連安保理などで行われたロシアに関する採決でも棄権しています。

ロシアの人権侵害を、常任理事国であるロシア自らが拒否権を使って否決するという不条理がまかり通る安保理は、とっくに存在理由を失い、もはや完全に無能・無力化し、機能不全に陥っています。

## アメリカ対ロシア代理戦争――最新兵器の恐怖

今回のロシア・ウクライナ戦争は、軍事大国、ロシアとアメリカの代理戦争です。

代理戦争とは、一国（アメリカ）が直接戦争をすることなく、助け合う関係にある国（ウクライナ）と他陣営の国（ロシア）とを戦わせる戦争で、自らが戦争に訴えた場合と同じ効果をあげることができます。

代理戦争の利点は、（1）自国が戦場でない分、自国の損害は非常に少ない、（2）新兵器・新戦術がテストできる、（3）相手の戦略・戦術が読み取れる、などがあります。

欧米、とくにアメリカはウクライナに、ロシアとの戦争を有利に運ばせるために、衛星情報を使って得られるロシア軍の兵士や戦車、戦闘機の配置や動きなどの情報を事細かくオンタイムで提供。高機動ロケット砲システム「ハイマース」を供与するなど、ロシアの軍事情勢を見ながらウクライナ戦争を繊細に操っている構図があります。

代理戦争とはいえ、戦争当事国のウクライナにもメリットはあります。ブダペスト覚書で核を放棄したウクライナが今、単独で、力で攻め入るロシアと戦いを続けていられるのは、米欧の情報提供と武器供与があるからです。

もし今後、中国が台湾や日本に攻め込む事態となったら、ウクライナで味をしめたアメリカが選択するのはウクライナのような「派兵なき代理戦争」で、表に立たされ、戦場となるのは台湾と日本です。

ウクライナで流れているのは、ウクライナ人の血と戦争を仕掛けたロシア人の血です。アメリカ兵の血は一滴も流れていません。

日本とアメリカとの間には日米同盟があり、同盟ほど強くありませんが台湾とアメリカとの間には台湾関係法があります。台湾関係法は、1979年の米中国交正常化に伴う米台断交後に、台湾との同盟関係を維持するためにアメリカ議会が制定した国内法で、アメリカの台湾に対する基本政策について規定しています。

台湾関係法第2条B項に、「平和的手段以外によって台湾の将来を決定しようとする試みは、ボイコット、封鎖を含みいかなるものであれ、西太平洋地域の平和と安全に対する脅威であり、合衆国の重大関心事と考える」との記述があり、アメリカは台湾を国家と同様に扱い、防衛兵器を供与できるとしています。

これに対して「一つの中国」を掲げる中国は、内政干渉にあたると強く非難しています。

また、2022年12月23日、アメリカの台湾の防衛体制強化および国際的地位の向上を目指した「台湾政策法」は、上下両院を通過後、バイデン大統領が署名して成立。2023年度国防権限法に組み込まれました。

国防権限法ではまず、「アメリカによる有効な対処の前に、中国が台湾に侵攻し支配する」ことが「既成事実化」するのを阻止することを政策目標として謳《うた》っています。

そのために、5年間で最大100億ドルの台湾軍事支援予算が確保され、さらに台湾からの武器購入要請には優先的かつ速やかに応じることも規定されました。

また、即応性を高めるための米台合同軍事演習の実施も盛り込まれ、アメリカ政府職員5~10人程度を毎年台湾に派遣することや、国際機関への台湾参加を促進することなどの外交措置も規定されています。

これらを読むと、まさに台湾を守るためのアメリカの指針であり、「台湾の民主主義は、アメリカのインド太平洋戦略の心臓であり続ける」という米上院のメネンデス外交委員長の言葉を実感します。

しかし、日本と台湾の間には、このような両国間の安全保障の枠組みはありません。

なお、台湾関係法は、台湾の安全保障のためのアメリカの法律ですが、米軍の介入は義務ではなくオプション（選択権）で、アメリカによる台湾の防衛を保障するものではありません。アメリカの台湾有事への軍事介入を確約しない台湾関係法は、「戦略的曖昧《あいまい》さ」と呼ばれ、その曖昧さゆえに、中国を混乱させ、軍事的圧力になると同時に、台湾や日本を不安にさせています。

実際には、台湾総統選挙が行われる2024年1月から、習近平氏が3期目の満期を迎える前年の2026年春ごろまでの間が、台湾有事が起きる可能性が最も高いとされています。

日米同盟は、アメリカの台湾関係法よりもはるかに強固な軍事同盟であるとはいえ、ウクライナで世界に示した「米兵の血を流さない戦争」に味をしめたアメリカが、日本に攻め入ると思われる中国、ロシア、北朝鮮との戦争でもその手法を使わない保証はどこにもありません。

その場合、台湾も日本も、戦争の当事国となった場合に流れるのは、台湾人の血であり、日本人の血であり、アメリカはウクライナにしたように「派兵なき代理戦争」に徹するのではないか。そんな不安が、台湾人や日本人の間に広がっているのも無理はありません。

ウクライナがソ連の一地域だった時代、現在のウクライナ東部の工業都市ドニプロには、ロシアの戦略ロケット軍基地があり、アメリカの東海岸を攻撃するための世界最高水準の核ミサイルが製造されていました。

1991年のソ連の崩壊に伴い、独立を果たしたウクライナには大量の核兵器が残され、一時、世界第3位の核保有国になりました。

ただ、ウクライナの核兵器はソ連国防省が設計・製造したもので、ウクライナには専門の技術者や研究者がおらず、自国で核兵器を扱ったこともないウクライナが核兵器を自力で保有し続けるのは困難で、経済的にも不可能とされました。

また、民主主義陣営の一員として認められたいと願ったウクライナは、1994年12月5日、ハンガリーの首都ブダペストで、アメリカ、イギリス、ロシアの核保有3カ国が署名した安全保障に関する「ブダペスト覚書」に署名したのです。

覚書の内容は、ウクライナが核兵器を完全に放棄することの対価として、アメリカ、イギリス、ロシアが、ウクライナへの核の脅威となることや武力行使を行わず、ウクライナの独立と主権、領土の一体性の尊重を約束するというものでした。

しかし、その覚書は、2014年のロシアのクリミア併合、2022年のロシアのウクライナへの軍事侵攻によって一方的に破られました。

日本もまた、ウクライナのように戦後一貫して平和国家としての道を歩み、専守防衛に徹し、他国に脅威を与えるような軍事大国とはならず、非核三原則を守る、との基本方針を堅持してきました。

2022年12月、台湾有事の緊張が高まるなか、日本政府は安全保障関連3文書を発表。しかし、そのなかに未《いま》だ「専守防衛」「非核三原則」の堅持の2項目が鎮座しているのは、日本を取り巻く厳しい国際情勢と大きく矛盾しています。

この3文書で、迫り来る隣国の攻撃から、日本政府は本気で日本と日本人の生命と財産を護《まも》れると考えているのでしょうか。

## イランはなぜ、ドローンをロシアに供与するのか

ウクライナ政府は、2022年秋からロシアがイラン製の攻撃型無人機（ドローン）を使って首都キーウなど各地を攻撃していることを明らかにしました。2023年5月28日

には、首都キーウなどにイラン製ドローン54機が飛来し、52機を撃ち落としたと発表しました。2022年2月の侵攻開始後、「最大規模」ということです。

ロシアが使用したイラン製のドローン「シャヘド136」は先端に爆発物を搭載し、標的の上空を徘徊《はいかい》して、攻撃指令を受けると自爆する仕組みです。

最初はロシアへのドローンの供与を認めたがらなかったイランも、2022年11月、ウクライナ軍がこのドローンを撃ち落とし、分解した結果を公表したことから、ロシアに供与したことを初めて認めました。

これまでもウクライナは、ロシア軍がイラン製ドローンで、民間人やインフラ設備を攻撃したと主張してきました。アメリカ国家安全保障会議（NSC）も、ロシアが一方的に併合したウクライナ南部のクリミア半島に、イラン人の技術者を送り、イラン製ドローンを使ってウクライナを攻撃しているとの見方を示しています。

イランがロシアへの自国製ドローンの供与を認める4カ月前の2022年7月、プーチン大統領はトルコのエルドアン大統領とともにイランを訪問しています。

「NATO（北大西洋条約機構）は危険な存在だ。ロシアの方が行動を起こしてなければ、NATOの方が戦争を引き起こしていただろう」

イランの最高指導者ハメネイ師は、プーチン大統領との二者会談の折、このように述べ、ウクライナに侵攻して国際社会から非難を浴びているロシアを擁護、プーチン氏の立場に理解を示しました。

イランはそれまでロシアのウクライナ侵攻に対しては、NATOの東方への拡大を非難しながらも、ロシアとウクライナの紛争当事国の双方が対話を通じて停戦することを希望する、と戦争反対の立場を堅持してきました。

イランがロシア寄りの立場であることを鮮明にする背景には、イランへの圧力を強めるアメリカを強く牽制《けんせい》したいとの思惑があります。

「西側（欧米）の挑発的な行動に、我々はともに対応せざるを得なくなった」

プーチン氏はハメネイ師に、ウクライナ侵攻の正当性を訴えると、

「西側の欺瞞《ぎまん》に対する警戒をゆるめてはならない」

ハメネイ師もプーチン氏の主張に共感の意を示しました。

今、イランの命運は、イランの核合意にアメリカが復帰し、イランに科されていた欧米の経済制裁が解除されるか否かにかかっています。

イランの核合意とは、イランの核開発を制限する見返りに、国際社会が経済制裁を解除

するというもので、2015年7月、アメリカ、イギリス、フランス、ドイツ、ロシア、中国の6カ国とイランが協定を結び、国連の安全保障理事会でも決議されました。

しかし、2018年5月、共和党のトランプ前政権が一方的に核合意からの離脱を発表したことで、核合意は効力を失い、現在、漂流状態にあります。

トランプ前政権が、イランに「核合意からの離脱」を突きつけた理由は、次の2点です。

(1) 核合意には、弾道ミサイルの開発規制が盛り込まれていない。

(2) 核開発制限に期限が設定されていない。

しかし、イランは、まずは一方的に離脱したアメリカが無条件で制裁を解除すべきとして、アメリカとは直接は交渉せず、EUを介して間接交渉を行っています。

イランは本音では、制裁によって、国内の財政が破綻状態で、国民の生活も逼迫《ひっぱく》していることから、早急の核合意復活を望んでいます。

欧州もまた、エネルギー資源国のロシアからの原油供給が途絶えようとしている今、イランの核合意を再開し、原油生産量世界第8位（2021年当時）のイランに供給源としての活路を見いだしたいところですが、核合意が漂流状態のままでは原油の輸入再開は望めません。

困るのは、欧州とイランなのです。

しかし、イランは公然と核開発を続けており、イランの核の脅威が現実のものになりつつあります。２０２３年2月28日、国際原子力機関（ＩＡＥＡ）が加盟国に示した報告書によると、イランは、核合意で約束していた３・６７％の濃縮ウランの濃度を83・７％まで引き上げました。90％に到達すると核開発が可能な危険レベルに達します。

イランとしては、トランプ前政権が核合意から一方的に離脱したのだから、自分たちも約束を守らないという論理です。

早急に手を打たないと核合意は完全に破綻し、イランは核兵器の製造の最終段階へと一気に突き進む危険性があります。

そんなイランに対して、核合意から離脱したアメリカはいらだち、イランもまた、反米感情はすさまじいものがあります。核合意でアメリカに妥協して制裁解除をお願いするぐらいなら、我慢の道を選ぶ、それがイランという国なのです。

一方、トランプ氏の核合意離脱を留保したバイデン大統領は、２０２２年11月の中間選挙で、下院をもともと核合意に反対する共和党に奪還されたことで、核合意の復活はますます困難になっています。

そんななか、イランはロシアへ自国製攻撃型ドローンを供与するという禁断の行為に踏み切ったのです。核合意は他国への武器供与を禁じています。それを知っていてイランが自国製ドローンをロシアに供与した背景は、アメリカとともに核合意の交渉の鍵を握るロシアに対するイランからの秋波《しゅうは》でもあるともいえそうです。

イランとしては今後、ロシアの協力を受けて、経済状況を改善させたいと、ウクライナ戦争の陰でギリギリのところで生き残りを画策しています。

## 中国がアメリカに代わり、中東の覇権を握る日

2023年3月10日、断交中のイランとサウジアラビアが、中国の仲介により7年に及ぶ断交を解消し、外交関係の正常化に合意しました。

1カ月後の4月12日、サウジアラビアの首都リヤドにあるイラン大使館が再開されたと報じられました。サウジアラビアもイランの首都テヘランに大使館と総領事館を再開するために担当者を派遣しているといいます。

なぜ、このようなことになったのか。

「サウジアラビアとイランの友好を支持する習近平国家主席の積極的な提案に、両国が応じた」

このような一文が、3カ国が連名で発表した共同声明には記されており、中国の役割が強調されています。

この日は折しも、北京では年に一度開かれる全人代（全国人民代表大会）で、習近平国家主席が再選され、党、軍、国家の3つのトップを引き続き務めることが決まり、異例の3期目が本格的に始動する日でした。

まさに、この日に合わせたかのように、中国の仲介で、近年の中東における政治的難問の一つであったサウジアラビアとイランの外交関係の正常化の合意が成されたのでした。

今回の両国の合意の仲介役を中国が果たしたことには大きな意味があり、それを一言でいえば、民主主義の敗北ということになります。3カ国に共通しているキーワードは「人権弾圧」で、共同声明にある「主権の尊重と互いの内政への不干渉を強調する」の一文から して、「人権」がアメリカに対抗するキーワードとなっています。

中国は、ウイグルや、香港での人権弾圧を批判されても、内政干渉だと国際社会の批判や抗議をはねつけています。

サウジアラビアでは、2018年、トルコのサウジアラビア総領事館で、政府に批判的だったサウジアラビア人ジャーナリストが殺害された事件をめぐって、サウジアラビアの首相のムハンマド・ビン・サルマン皇太子が事件を指揮した疑いが今なおくすぶり続けています。

また、イランでは、女性は国籍や宗教を問わず、髪の毛を隠す布「ヒジャブ」の着用が義務づけられていますが、2022年9月、テヘランでヒジャブの「不適切」着用を理由に、クルド人女性が風紀警察に拘束され、その後死亡した事件がありました。それを契機に全土で抗議デモが起こり、その後反政府デモへと拡大しました。

アメリカやイスラエル、アラブ諸国がイラン包囲網を敷いているなか、核開発を進めるイランを警戒していたサウジアラビアにとっては、中国の仲介であれ、イランとの緊張緩和を図ることで、イエメン内戦をはじめ地域情勢の安定化、自国の安全保障の強化につなげたいとの思惑がありました。

今回のイランとの外交関係の正常化の合意は、サウジアラビアにとっては、域内に「敵」を作らないことを最優先した結果なのです。

一方、イランにとっても、核合意の再建、制裁解除の見通しが遠のくなか、核合意を通じてのアメリカとの関係改善を図るより先に、中国に手柄を持たせ、中国との経済関係強化による自国経済の回復を選択した結果といえます。

サウジアラビアとイランの合意を中国が仲介したことで、次の関心事は、イスラエルとサウジアラビアの国交正常化に向けて、アメリカと中国のどちらが仲介役を務められるかに移ります。

サウジアラビアとイランの外交関係の正常化は、日本を含む世界のエネルギー安全保障にも当然ながら影響を及ぼすことは必至です。仲介役の中国にとっては、エネルギーの調達先を確保すると同時に、アメリカに代わり中東における覇権的地位を獲得することで、巨大経済圏構想「一帯一路」に中東を組み入れることを狙っています。

これまで長年、圧倒的な軍事力・政治力で中東に君臨し続けてきたアメリカが、中東を中国にあけ渡すことは、アメリカの中東政策、外交政策全体に「汚点」を残すことになりました。

今後、中東でのアメリカの影響力と存在感がさらに弱まるならば、原油の9割以上を中東に依存する日本にとっては由々しき事態です。

## エルドアンが裏で糸をひく思惑

黒海の大国トルコのエルドアン大統領の目標は、2023年5月に行われる大統領選挙と議会選挙で勝利し、さらなる長期政権を築き上げることでした。そして、5月28日、決選投票の末、エルドアン氏は再選されました。任期は5年です。

ウクライナ戦争が始まって以降、エルドアン氏の最大の功績は、ロシア軍による封鎖でアフリカ諸国などへのウクライナ産の小麦やトウモロコシなどの穀物の輸出が滞っていた問題で、「黒海に面したウクライナの港から農産物の輸出再開を可能にする合意文書」にロシアとウクライナに署名させたことです。

エルドアン氏は国連のグテーレス事務総長とともに、プーチン大統領とゼレンスキー大統領に直接会い、交渉をまとめるという剛腕を発揮しました。

2022年7月22日、合意文書の調印式は、トルコのイスタンブールで行われました。エルドアン氏、グテーレス氏両名の仲介の下、ロシア、ウクライナ両国の防衛大臣が、席をともにせず個別に合意文書に署名しました。

主な合意内容は、次の4点です。

（1）農産物を載せた貨物船が航行中は、ロシア軍は黒海に面したウクライナの港を攻撃しない。
（2）機雷が敷設された水域では、ウクライナ艦艇が貨物船の安全航行を誘導する。
（3）密輸に対するロシアの懸念に対応するため、トルコは国連の支援を受けて貨物船を検査する。
（4）黒海を経由してのロシア産穀物や肥料の輸出も可能にする。

この合意は、120日間有効で、イスタンブールに設置される調整センターで、国連とトルコ、ロシア、ウクライナの代表が、船の安全な航行など合意の履行を監視します。ロシア、ウクライナの双方が合意すれば、合意は延長されます。

合意成立を受けて、仲介役を担ったエルドアン氏が、「ウクライナ、そしてロシアとともに私たちが歩み出したこの一歩が、平和への道を復活させるよう期待する」と述べると、グテーレス事務総長も「本日、黒海に光がともった。希望の光だ」と歓迎しました。

ロシアが2022年2月24日に侵攻を始めて以降、ウクライナからの穀物が世界的に不足し、数百万人が飢餓の危機にあるといわれています。とくにアフリカ大陸の東部地域にある、エチオピア、エリトリア、ジブチ、ソマリア、ケニアなどの国々の食料不足は深刻です。

ウクライナからの穀物船は、この合意によって多くの人々の命を救うことになります。

1954年2月26日生まれで、プーチン氏より2歳年下のエルドアン氏には、プーチン氏と同様、どこか底知れぬ、暗い闇のような部分がつきまとっているように思えます。

一例を挙げると、エルドアン氏の娘婿が代表を務める会社が製造した攻撃型ドローンを、ウクライナに売却したこと。結果、そのトルコ製のドローンは日々、ロシア兵を殺戮《さつりく》しているのです。

プーチン氏がこの事実を知らないわけがありませんが、プーチン氏もまた、奇妙なことにエルドアン氏に表だって抗議をしたり、声を荒らげたりすることはありません。他者にはうかがい知れない持ちつ持たれつの、あうんの関係がプーチン氏とエルドアン氏の両者の間には成立しているようにも思えます。

トルコにとって、最大の天然ガスの供給国はロシアです。また、トルコへの観光客の数は常にロシア人がトップです。トルコ・リラの下落で苦しむエルドアン氏にとって、プーチン氏は頼みの綱。一方、プーチン氏にとっても、国際社会での孤立が深まるなか、黒海を挟んでの〝盟友〟エルドアン氏は何かと頼りになる存在なのです。

エルドアン氏の〝怪人ぶり〟は、スウェーデンのNATO（北大西洋条約機構）への加盟申請にも、暗い影を落としています。

NATOに加盟するためには、全加盟国の承認が必要ですが、トルコ1国のみが反対していることから、スウェーデンの加盟の見通しは今も立っていません。

トルコは国内で分離独立を掲げるクルド人武装勢力をスウェーデンが支援していると主張し、NATO加盟を承認する条件として、スウェーデン国内にいるクルド人武装勢力の引き渡しなどを求めています。それがネックとなって事態は硬直していますが、トルコ次期大統領選の結果によっては、新たな展開が生まれる可能性があります。

トルコは、黒海、マルマラ海、東地中海に接し、近隣のカスピ海、中東の湾岸にも影響力を行使できる地政学的な優位性を持っています。

とくに、黒海と東地中海を結ぶボスポラス海峡とダーダネルス海峡の存在は極めて重要です。

ロシア、ウクライナからの食料は、この2つの海峡を通り、地中海を経由して、ヨーロッパやアフリカ諸国に運ばれます。

プーチン氏が帝政ロシア時代の領土を再び取り戻すという妄想にとらわれ、ウクライナに侵攻したように、トルコで絶大な権力を握るエルドアン氏もひそかに、オスマン帝国時代へのノスタルジーを抱き続けているように思えます。

エルドアン氏は1994年、40歳のとき、イスタンブール市長に当選。3年後、市長時代に、政治集会でイスラム教を賛美する詩を朗読したことで、「宗教感情を利用し、国民の分断を煽動《せんどう》した」として告発され、4年半の実刑判決を受けます。

「我々はオスマン帝国の子孫だ。オスマン帝国の歴史はトルコの誇りだ」

刑を終えた2001年、エルドアン氏が若手活動家らとともに現在も党首を務める公正発展党を旗揚げした47歳のときの発言です。

2014年、60歳のとき、エルドアン氏はトルコの大統領に選出されました。

エルドアン氏の外交政策は、新オスマン主義と評されます。かつてオスマン帝国が支配し影響力を及ぼした中東などに、トルコの政治的・外交的関与を広げようという政治的イデオロギーです。自らをオスマン帝国の皇帝スルタンに重ねたエルドアン氏の言動や政治的野心は国民の批判を浴びています。

そうした国民の不満を国外に向けさせるために、エルドアン大統領はウクライナ戦争の仲介者となるべくプーチン氏とゼレンスキー氏に停戦を呼びかける派手な外交的パフォーマンスを繰り広げているのです。

トルコは、エルドアン氏が大統領になってから、より民主主義の後退と腐敗が進んでいます。

今や民主主義国家というより専制主義国家の様相を呈しており、様々な検閲や反対意見の言論封殺などを行っています。

2013年の反政府デモを契機に、エルドアン政権は報道機関やソーシャルメディアへの検閲を強化し、YouTube、Twitter、Wikipediaなどのサイトへのアクセスを制限しました。

このような政治体制から抜け切れないトルコのEU（欧州連合）加盟に向けた交渉は長年停滞し、NATOの創生期のメンバーでありながら、未《いま》だにEUに加盟することができずにいます。

EUは新規加盟を希望する国に、人間の尊厳の尊重、自由、民主主義、平等、法治国家であること、少数派の権利を含めた人権の保護を行っていることなどの基本的な条件を求めています。

トルコが、ＥＵと正式な加盟協議に入ったのは２００５年のこと。その後、20年近くを経てもなお、ＥＵに加盟を認められていない背景には、国内に人権問題など数多くの問題を抱えており、それを解決できないからです。

## ゼレンスキーが犯したイスラエル国会演説でのミス

ロシアの軍事侵攻から約１カ月後の２０２２年３月20日、ゼレンスキー大統領はイスラエルのクネセト（イスラエル国会）で国会議員に向けてオンライン演説を行いました。

「なぜ、われわれ（ウクライナ）は、あなた方（イスラエル）から武器を供与されないのか。なぜ、あなた方はロシアに強力な制裁を科したり、ロシア企業に圧力をかけたりしないのか」

日本の国会議員に向けてのゼレンスキー氏の演説からは想像できない厳しい口調です。

その上で、ゼレンスキー氏が供与を求めたのは、イスラエルが世界に誇る防空システムです。とくに、迎撃ミサイルで標的を撃ち落とす「アイアンドーム」やレーザー光線で標的を破壊する最新鋭の「アイアンビーム」が喉から手が出るほど欲しいのです。

一方ロシアは、イスラエルによるウクライナへの兵器供与について、メドヴェージェフ前大統領が「極めて無謀な動きで、ロシアとの関係を破壊することになる」とSNSに書き込み、牽制《けんせい》しました。

イスラエルも、ウクライナへの人道支援を強化する立場は示したものの、兵器の供与についてはまだ慎重な姿勢を崩していません。

「イスラエルは世界で最も優れた対空防衛システムを持っている。その防衛システムをウクライナが供与されれば、あなた方は間違いなく、ウクライナに住むユダヤ人の命を救うことができる」とゼレンスキー氏は主張します。

イスラエルは、1948年にユダヤ人によるシオニズムという運動がきっかけで建国されたユダヤ人国家です。

シオニズムとは、古代ローマ軍にパレスチナを追われて以来世界各地に離散していたユダヤ民族が、母国への帰還を目指し、昔住んでいた地パレスチナにユダヤ人国家イスラエル国を再建し、独自の文化を復興させようという運動のことです。

イスラエルは現在、人口約950万人。人口の8人に1人にあたる約120万人が、冷戦後に旧ソ連から移住したロシアやウクライナ出身のユダヤ人とその子孫です。

一方、ロシアには十数万人、ウクライナには約7万人のユダヤ人が住んでいます。

今やロシア・東欧系ユダヤ人は、イスラエル社会の政治、経済のエリート層にも存在し、そのため、安全保障戦略上も、ロシアとの関係維持は不可欠となっています。

そういった歴史的背景もあり、ウクライナとロシアに対しては中立的な立場をとるイスラエルですが、今回の侵攻については、他の多くの国々と同様に、一方的に侵攻されたウクライナに同情しています。

侵攻後、イスラエルは、いち早くウクライナに対する人道的支援に着手。ウクライナに野戦病院を設営し、医療チームを送り込みました。

さて、冒頭の演説の際、ゼレンスキー氏は決定的な〝ミス〟を犯しました。

「第2次世界大戦中に、ナチス・ドイツのヒトラーは、虐殺によってユダヤ人問題の最終的な解決を目指した。そのとき、ウクライナはユダヤ人を救う選択をした。80年後、同じように、世界の目の前で、ロシアのプーチン大統領は、ウクライナの文化や民族やコミュニティすべてを消滅させようとしている。今度はイスラエルが、ウクライナを救う選択をするときだ。なぜ、イスラエルは中立を維持して、ウクライナを助けないのか。ウクライナ人とウクライナに住むユダヤ人を助けてほしい」

ゼレンスキー氏は、今回のロシアによるウクライナの一般市民への攻撃を、ナチス・ドイツによるホロコーストにたとえたのです。

すぐさま多くの議員が反発し、その発言は不適切であるとして、ゼレンスキー氏に撤回を求めました。

ホロコーストは、ナチス・ドイツによって約600万人もの大量のユダヤ人が虐殺された「人類史上比類のない、唯一の経験」であるというのが、イスラエルの多くのユダヤ人の認識です。

ゼレンスキー氏の演説は、イスラエルに武器供与を求めるあまり、歯に衣着《きぬ》せぬ、激しく厳しく鋭い、イスラエルを問い詰める演説でした。イスラエルの国会議員の反応は、同胞のゼレンスキー氏への共感より、彼が発した言葉への違和感や反発の方が勝《まさ》っていました。

ユダヤ人であるゼレンスキー氏が、ロシア軍のウクライナ侵攻をホロコーストと同列に並べたことが許せなかったのです。

もう一つの批判は、第2次世界大戦中のウクライナ人のユダヤ人への対応でした。

確かに、命を懸けてユダヤ人を救おうとしたウクライナ人はいましたが、ナチスのユダヤ人虐殺に加担したウクライナ人はそれ以上にいて、その結果150万人のウクライナにいるユダヤ人が虐殺されました。そんなイスラエル人の繊細な心に思いをめぐらすことなく、「イスラエルは、どちらの側につくのか。侵略者（ロシア）の側なのか、被害者（ウクライナ）の側なのか」とゼレンスキー氏は迫ったのです。

しかし、イスラエルに住むユダヤ人の目から見たら、ゼレンスキー氏はユダヤ人でもありますが、それ以前にまずユダヤ人を助けも見捨てもしたウクライナ人です。これはロシアの侵攻でウクライナの戦況が厳しいからといって、「ホロコースト」を持ち出す資格はあなたにはない、という強烈な批判なのです。

その後、ゼレンスキー氏が再三「アイアンドーム」を提供するよう求めても、現在にいたるまでイスラエルは応じていません。

また、イスラエルにも、ロシアを刺激したくない事情があります。

イスラエルがロシアのウクライナ侵攻に際して、厳しい批判や非難、制裁を科すのを控えているのは、イスラエルと国境を接する敵国シリアやイランに対してロシアが強い影響力を保持しているからです。

建国以来、イスラエルはアメリカから経済的、軍事的支援を受け、ロシアからも間接的な支援を受けて国の存立があるのです。ウクライナ戦争への対応を誤ると、瞬時にして国家の滅亡を招きかねません。

イスラエルの人々は様々な思いで、ゼレンスキー氏とウクライナ戦争のゆくえを見守りつつも関与を続けています。

## ピョートル大帝を模範に、スターリンのように振る舞う

戦争は、攻撃を仕掛けた方も、仕掛けられた方も、勝利しか生き残る道はありません。ウクライナは戦争に敗《ま》けたら、専制主義国家のロシアに組み込まれ、自由と人権を剝奪され、命さえも奪われかねず、国の存亡の危機に瀕《ひん》します。

ロシアが敗けたら、ウクライナに多額の人的、物理的補償を行わねばなりません。国の存立危機となり、プーチン大統領は戦争犯罪人として国際機関の裁きを受けるしか道はありません。

2022年の大晦日《おおみそか》、プーチン氏は大統領府のホームページに2023年の〝新年の挨拶〟をアップしました。

「祖国の防衛は、祖先と子孫に対する神聖な義務です。道徳的かつ歴史的な正しさは我々の方にある」

と背広姿のプーチン氏は、軍服姿の男女およそ20人の前に立ち、自国にとっての侵攻の正義と戦争の継続を主張しました。

プーチン氏の新年の挨拶がアップされて4時間後、ゼレンスキー大統領は普段着で、いつものように自撮りで、ウクライナ大統領府のホームページにアップした動画でロシア国民に向かってロシア語で呼びかけました。

「プーチン氏の新年の挨拶は、歴史的な何かのためではなく、一人の人間が人生の終わりまで権力の座に留《とど》まるためのものだ。あなた方の指導者は、自分の後ろには軍隊があり、自分は前線で指揮していると、皆さんに見せようとしている。しかし、実際には彼は、軍隊の後ろに、ミサイルの後ろに、彼の家と宮殿の壁の後ろに隠れている。あなた方の後ろに隠れて、あなたの国と未来を燃やしているのです」

そして別の動画で、ウクライナ国民への新年の挨拶と感謝を述べた後、戦場で戦う兵士や他国へ避難した国民に「帰還の年になりますように」と語りかけました。

プーチン氏のウクライナ侵攻の原点は、18世紀、初代ロシア皇帝ピョートル大帝がスウェーデンとの戦争を制し、領土を拡大した出来事にあるといわれています。

プーチン氏は、「ピョートル大帝は、スウェーデンとの戦争で領土を奪ったのではなく〝奪い返した〟のだ。今、ウクライナから領土を取り戻すのは、我々の責務だ」とまで言い切って、ウクライナ侵攻を正当化しています。

ピョートル大帝は、本格的な海軍を編制するなど軍事力を増強して領土を拡大し、欧州の科学技術や制度、風俗を大胆に取り入れて、ロシアを辺境の小国から欧州の大国に肩をならべる存在へと変貌《へんぼう》させた人物です。

サンクトペテルブルク副市長だった1990年代半ば、プーチン氏は自らの執務室にこのピョートル大帝の肖像を飾っていました。

300年前のピョートル大帝は、現在のプーチン氏のロールモデル（模範）といわれています。

ちなみにピョートル大帝は後継者を選定しないまま、53歳で病死。ロシアは拡大することで強くなったとするピョートル大帝をお手本に、ロシアを世界的な大国にするために、ウクライナで始めた特別軍事作戦はどんな困難があっても成し遂げなくてはならない、との強い決意をプーチン氏は抱いているのです。

私はピョートル大帝よりむしろ、プーチン氏は、１９２４年から１９５３年まで、旧ソ連で絶対権力をほしいままにした、スターリンの方により共通項がある気がします。

スターリンは、１９３０年代に国民の大粛清を行い、人権弾圧や拷問、強制収容により、多くの死者を出しました。プーチン氏もまた、自ら始めたウクライナ戦争でロシア・ウクライナ両国の無数の無辜《むこ》の市民の命を犠牲にし、今なお戦争を続けています。

スターリンとプーチン氏の共通点は、人命に対して冷血、無関心に見えることです。

プーチン氏は、スターリンが亡くなる前年、１９５２年10月７日に生まれました。

スターリンは46歳でソ連の最高指導者となりましたが、プーチン氏がロシアの大統領になったのは48歳のときです。

スターリンの大粛清の時代、「深夜のスターリンノック」という人々が恐れる〝音〟がありました。

人々が寝静まった深夜の時間帯、自宅のドアをノックする音が聞こえ、住人が何事かと出てみるとＮＫＶＤ（内務人民委員部）の人間が立っています。住人はその瞬間、何が起きたか悟ります。NKVDは、家の中を片っ端からひっくり返して「証拠」を探すのです。

住人は「黒いカラス」と呼ばれる囚人護送車に乗せられ、KGB（国家保安委員会）管轄のルビヤンカ（刑務所）に連行されました。

取り調べの際、自白を強要し、罪を認めない者には容赦ない拷問によって力ずくで罪を認めさせ、罪を告白した者は粛清されます。

スターリン政権は裁判所に対しても、「人民の敵」と判断した者には死刑判決を下し、そしてただちに死刑を執行するよう命じました。

スターリン時代の旧ソ連ではこれが日常茶飯事であり、一説に1936年から1938年までの大粛清期に100万人が銃殺され、数百万人が強制収容所で過酷な労働の末、死亡したといわれています。

共産党員以外の一般の国民も、スターリンによる犠牲者でした。

スターリンはもともと人間不信であったといわれていますが、権力を握る過程において独裁者にありがちな政権の周辺の人物への不信のみならず、国民に対しても猜疑《さいぎ》心が極限まで達していきました。

ウクライナに侵攻したプーチン氏の狂気と非道はスターリンの劣化コピーに過ぎない、

といわれるぐらい、スターリンは度を越す恐怖の強権統治の実践者でした。

プライベートでもスターリンは平穏な家族生活とは無縁で、1人目の妻は25歳で病死、2人目の妻は31歳で自殺。幾人とも知れない愛人も、しばらくすると忽然《こつぜん》と姿が消え、自殺や不審死が取り沙汰されたといわれています。

1953年3月1日、スターリンは夕食の後、寝室で脳卒中の発作で倒れました。

暗殺を恐れていたスターリンは、同じ形の寝室を複数作り、どの部屋を使うかを就寝直前に決めていました。寝室は鋼鉄の箱のような構造になっており、扉は内側から施錠すると、外から開けるには警備責任者が持つ、ただ1本の鍵を用いるしか方法はありません。

翌朝、予定時間を過ぎてもスターリンの指示がないことに、警備責任者は不審を覚えたものの、眠りを妨げられたスターリンの怒りを買うことを恐れて、午後になるまで何もしませんでした。このために発見が遅れ、容態を重篤にしたといわれています。

発作によって右半身は麻痺し、昏睡状態が続きました。

4日後の3月5日、スターリンは危篤に陥り、死亡。74歳、最高指導者のあっけない幕切れでした。

ロシアの2020年度の平均寿命は、男性は67・3歳です。

プーチン氏は現在70歳、自身の最期を思ってもおかしくない年齢です。

妄想に駆られた政治家の野心とはいえ、プーチン氏の、ウクライナもロシアの一部と巧妙に捻じ曲げる歴史観や、国民の権利よりも国家存続が優先する国家観は、国際法を無視する蛮行で領土を拡大させたスターリンと共通します。

民主的に様々な国と共存するゴルバチョフ元大統領の政治手法ではなく、独裁者で絶対権力で君臨したスターリン的な道を選択したプーチン氏とは、いったいいかなる人物なのでしょうか。

プーチン氏は、レニングラード大学法学部4年の時にKGBからのリクルートを受け、1975年に卒業するとそのままKGBに就職します。

KGBは自ら志願してきた者は採用せず、旧ソ連共産党が大学を卒業する若者の能力や実行力などを独自に調査して声をかけ、試験を受けさせます。

プーチン氏含め、スカウトの目に留まりKGB職員になった若者はエリート意識と旧ソ連への帰属意識が人一倍強く、彼らはウクライナやベラルーシなど、旧ソ連の構成国をはなから独立国とは思っていません。

なかでも最大の構成国であったウクライナを、プーチン氏は「ナチスだから非ナチ化しないといけない」と頻繁に口にして、ロシアとの併合を正当化して戦争を始めました。

スターリンもまた、「ナチス的な要素を取り除く」との妄想に駆られ、大粛清を行いました。

強い国家観を掲げるプーチン氏と、強権的な恐怖の独裁体制を敷いたスターリン。両者とも、大国主義者で、小国の主権を威圧し、常に覇権を唱える「力の信奉者」という点で類似しています。

自ら起こした戦争で独裁政権が倒れた例としては、歴史的には、第2次世界大戦を起こしたナチス・ドイツのヒトラーがいます。プーチン氏が起こした戦争が、今後どのような推移をたどるのか。どのような結末が用意されているのか。今回の戦争の影響は今も世界中に拡大しています。

## 旧ソ連圏がおびえる、ウクライナの次

「小さな民族だが、わが国には歴史も文化もある。旧ソ連時代のように中央アジア諸国を扱わないでほしい。我々は、物乞いではない。尊重してほしい」

2022年10月14日、中央アジアのカザフスタンの首都アスタナで旧ソ連構成国でつくるCIS（独立国家共同体）の「第1回ロシア・中央アジア首脳会議」で、約8分間、切々と訴える演説で、プーチン大統領に耳を傾けさせた首脳がいました。

発言の主は、タジキスタンのラフモン大統領でした。

タジキスタンは旧ソ連を構成した15カ国のなかでも最貧国です。

演説では、ウクライナ領を一方的に併合するなど他国軽視が目立つロシアに、あくまで対等な関係を求めた内容で、暗にプーチン氏を批判したのです。

ラフモン氏は、プーチン氏と同じ1952年10月生まれの70歳。

タジキスタン内戦中の1994年から大統領を務め、国家指導者としてはプーチン氏の先輩格。中央アジアの他の4カ国は近年、大統領が交代したばかりで、ソ連共産党活動を経験している、たたき上げの大物はラフモン氏だけです。

毎年5月9日、旧ソ連が第2次世界大戦でナチス・ドイツに勝利したのを祝う対ドイツ戦勝記念日は、ロシアでは最も重要な祝日の一つです。2021年の戦勝記念日はモスクワの赤の広場で行われ、ウクライナ危機や新型コロナウイルスの感染拡大にもかかわらず出席した外国首脳はラフモン氏ただ一人で、プーチン氏の顔を立てました。

ラフモン氏の長期政権下、タジキスタンは２００９年、ソ連時代から用いられてきた公用語のロシア語を廃止。２０１６年には生まれてくる子どもに外国名を名付けること（とくにロシア語での命名）を禁止しています。

また、上海協力機構（ＳＣＯ）に加盟してロシアや中国と関係を強化し、同時に、アメリカとも友好関係を築き、日本を含む各国の手厚い支援や国連活動によって、21世紀に入ってからは安定的な経済成長を維持しており、ラフモン氏は、プーチン氏も一目置くリーダーとして存在感を示しています。

また、カザフスタンのトカエフ大統領も、旧ソ連との国境問題は「平和的な手段でのみ解決されるべきだ」と述べました。

カザフスタンは中央アジア最大の国で、ロシア系住民が約20％を占め、ロシアとは７０００キロ以上国境を接しています。ウクライナ侵攻はよそごとではなく、ロシア系住民をめぐるトラブルなどもあり、いざとなったらロシアが国境を越えて侵攻してくるのではないかと、常に警戒心を抱いています。

ウクライナ戦争によりロシアの求心力が低下しているというものの、重要な同盟国、あるいはパートナーと位置づけられている中央アジアの国々は、ウクライナへの侵攻を行ったロシアに対して警戒を怠らず、つかず離れずの姿勢をとるようにしています。

それが如実に表れたのが、CISの首脳会議の2日前の2022年10月12日、国連総会で開かれた緊急特別会合でした。

ロシアによるウクライナ4州の一方的な併合を「違法で無効」とする非難決議を行い、加盟国193カ国中、143カ国の賛成で採択。ロシアの違法性を世界が認め、四面楚歌の状態であることが浮き彫りになりました。

CISの加盟国は現在、ロシア、ウズベキスタン、タジキスタン、カザフスタン、キルギス、ベラルーシ、アルメニア、アゼルバイジャン、モルドバの9カ国。

「違法で無効」とする決議に反対票を投じたのは、ロシアを除けば、ウクライナ侵攻に開戦当初から協力するベラルーシだけでしたが、ベラルーシも、「ロシア人の背後を撃つことはない。それが我々の参加のやり方だ」と微妙な言い回しで自国の立場を表明しました。

CIS加盟国の採択の結果は、棄権が、ウズベキスタン、タジキスタン、カザフスタン、キルギス、アルメニアの5カ国。

ウズベキスタンは、「ウクライナはロシアとは別の国であり、その国への侵攻は禁止されるべきである。プーチン氏には刑事罰も必要」とロシアを厳しく非難しました。

また、カザフスタンは、「ロシアが一方的に併合宣言したウクライナの4州を、独立国家と認めない。領土保全の原則を尊重する」と主張しました。

投票の不参加国は、アゼルバイジャンと、CIS準加盟国のトルクメニスタンの2カ国で、アゼルバイジャンは、「ウクライナは侵略者（ロシア）と戦うべきだ」とロシアでなくウクライナにエールを送っています。

唯一の賛成はモルドバ。2020年、親欧米派のサンドゥ大統領に政権交代し、ロシアのウクライナ侵攻から4カ月後、ロシアによる併合を恐れ、ウクライナとともにEU加盟候補国に認定されました。

このようにCIS加盟国はそれぞれ、今回のロシアのウクライナ侵攻後、宗主国ロシアに対して微妙に距離を置きつつあります。

ロシアに対して、今、CIS加盟各国の首脳が等しく抱いているのは、プーチン氏率いるロシア軍が、ある日突然牙を剝いてウクライナに攻め入ったように、自国にも攻撃を仕掛けてくるのではないか、「次は自分の国の番ではないか」との払拭できない不安と懸念です。

国際的にはクリミアはウクライナの領土で、ロシアによる併合は無効で認められていません。

しかし、プーチン氏率いるロシアは国際社会の声をはねつけ、クリミア併合を果たした今、次なる野望としてウクライナ全土を併合すべく戦争を続けています。

# 第2章

# 戦争犯罪人プーチンを裁けるか

# 国際刑事裁判所がプーチンに逮捕状

ロシアによるウクライナ侵攻をめぐり、国際刑事裁判所（ＩＣＣ）は２０２３年３月17日、占領地から違法に子どもたちを連れ去った戦争犯罪に関与した容疑で、ロシアのプーチン大統領、および子どもの権利を担当するマリヤ・リボワベロワ大統領全権代表に逮捕状を発行しました。

ロシアはＩＣＣの非締約国であり、プーチン氏らの身柄の引き渡しなどの義務は負っていませんが、自国の威信失墜は免れません。

ウクライナ政府は、２０２２年２月のロシア軍の侵攻以来、ロシアによる子どもの強制連行は１万６０００件以上に及び、実数はさらに多い可能性があると公表しています。

また、国連人権理事会の独立調査委員会は、ロシア軍の兵士が４歳から82歳までの市民に対する性的暴行を行ったことを認定した上で、その行為も戦争犯罪に相当すると指摘しています。

ロシアのウクライナ侵攻から４日後の２０２２年２月28日、ＩＣＣのカーン主任検察官はウクライナに入り、数カ月かけて捜査を行いました。

プーチン氏らの戦争犯罪がICCで裁かれるのは、ロシアがウクライナと戦争を開始して以来初めてで、カーン氏は、「子どもに対する犯罪をまず優先した」と述べ、今後も他の容疑で逮捕状が発行される予定です。

子どもの連れ去りについては、ロシア議会でも平然と、ウクライナから連れてきた子どもに国籍を付与することを認め、ロシア人家庭に養子縁組を奨励する国内法が整備されるなど、国をあげてこの非道な人権無視の政策を行ってきました。

「子どもたちが戦利品のように扱われることを許すわけにはいかない」

とICCのカーン氏が声明で述べているように、ICCには、子どもを対象にした犯罪を扱ってきた歴史があります。

ICCが有罪判決を出した実例としては、コンゴ民主共和国で武力紛争に子どもを動員した事件が挙げられます。こうした例からも、子どもは未来の代名詞である、とのICCの姿勢が見て取れます。

ウクライナからロシアへの子どもの強制移送は、社会から次世代を担う子どもがいなくなることを意味し、ウクライナのアイデンティティーに対する攻撃でもあるのです。

ICCの決定を、ロシアの責任追及を訴えてきたウクライナのゼレンスキー大統領は、「歴史的な決定だ」と歓迎。コスチン検事総長も「プーチン氏は国外に出れば拘束され、法廷に引き渡される。各国の指導者は、彼との握手や会談を熟慮するだろう」と述べています。

実際は、プーチン氏の逮捕についてはハードルが高いとはいえ、その可能性はゼロではありません。

プーチン氏は今後、外国に行く際には自らの安全を確保しなければならず、実質的には渡航は制限され、慎重になるはずです。

プーチン氏が日本を含むICC締約国を訪問した際、その国が逮捕状を執行し、拘束される可能性があります。

また、プーチン政権が転覆すると、ロシアの新政権の司法当局がICCに協力し、プーチン氏を引き渡す可能性があります。あるいは、反政府的なテロ集団がプーチン氏を拉致し、ICCに引き渡すかもしれません。

過去に現職の国家元首に対して逮捕状が出されたのは、スーダン、リビアの例があります。

しかし、プーチン氏のように国連安全保障理事会の常任理事国の元首に対して逮捕状が出されるのは、初めてのケースです。

プーチン氏はすでに、「国際指名手配犯」という烙印《らくいん》を押されています。

## 国際刑事裁判所がウクライナに捜査事務所を設立

「戦争犯罪」

「人道に対する犯罪」

「ジェノサイド」

「侵略犯罪」

これら4つの犯罪は、国際法上、最も重大な犯罪とされています。今回のウクライナに武力侵攻したロシアのプーチン大統領らにかけられた「子どもの強制移送」の容疑も、これらの犯罪に含まれます。しかし、今回の逮捕状の発行はまだその端緒であり、今後本格的な捜査によって浮かび上がる犯罪も加えて、国際法廷で裁かれなければなりません。

戦争犯罪とは、戦争に関わるすべての罪のことで、故意の殺害・拷問、捕虜の非人道的な扱い、民間人に対する攻撃の指示、軍事目標以外の物の攻撃、毒ガス使用など、多岐にわたります。

人道に対する犯罪とは、民間人に対する殺人・絶滅・奴隷的虐使・追放その他の非人道的行為、または政治的・人種的・宗教的理由に基づく迫害行為などのこと。

ジェノサイドは、国民、民族、人種、または宗教的な集団そのものを破壊する意図を持って殺害その他の行為を行うことです。

そして侵略犯罪とは、武力によって、他国の領土や主権を侵害する行為をいいます。

ロシアのウクライナ侵攻を受け、国際刑事裁判所（ＩＣＣ）は首謀者であるプーチン大統領らの行いが、戦時下においても遵守するべき国際法に違反し、戦争犯罪にあたる可能性が極めて高いと判断したのです。

ＩＣＣは、戦争犯罪を犯した「個人」を捜査・訴追し、裁き、処罰することで、同様の戦争犯罪が繰り返されることを防止する、史上初の常設の国際刑事裁判機関です。２００３年３月、国連から独立した機関として、オランダのハーグに設置されました。

ＩＣＣが捜査に着手するためには、締約国の付託が必要ですが、ウクライナはＩＣＣの管轄権を認めてはいるものの締約国ではないことから自ら付託を行うことができず、ＩＣ

Cに捜査の付託を行ったのは欧州を中心とする39カ国の締約国でした。

日本政府も、ロシアのウクライナに対する軍事行動は断じて許容できない、との立場で捜査をICCに付託しました。

ICCのカーン主任検察官は2022年4月13日、惨劇の跡が残るブチャで、戦火の下で行われたロシアの重大犯罪を非難し、改めて捜査に向けた決意を次のように明かしました。

「銃を手に取り、戦車を操縦し、ミサイルを撃つ者は戦時下であれ、〝戦争犯罪〟を行った場合には責任を負わなければならない。国際法は、戦時下にある民間人とともにある。ウクライナは悲惨な犯罪現場だ。ウクライナで誰が、どんな戦争犯罪を犯したのか。つぶさに事実を調べ上げ、真実にたどり着かなければならない」

ICCが誕生する以前に行われた戦争犯罪を裁く裁判としては、第2次世界大戦後、連合国によって行われた、ナチスを裁いた「ニュルンベルク裁判」（1945年）、日本の指導者を裁いた「極東国際軍事裁判（東京裁判）」（1946年）などがあります。

ただし、これらの裁判は、国際連盟や国際連合のもとに行われたものではなく、戦争の勝者・連合国が敗戦国を裁いたものでした。

1945年、国連は、主要な司法機関として国際法に従って国家間の紛争を解決する裁判を行う「国際司法裁判所（ICJ）」を設立しました。しかし、ICJは戦争犯罪や人道に対する犯罪で起訴された「個人」を裁くことはできません。

その後、国連の安全保障理事会は、個人を裁くことのできる2つの臨時の国際法廷を設置しました。

旧ユーゴスラビア紛争における集団殺害、戦争犯罪、人道に対する犯罪を犯した個人を訴追する旧ユーゴスラビア国際刑事裁判所（1993年）、および、ルワンダ大虐殺における集団殺害などを行ったルワンダ人を訴追するルワンダ国際刑事裁判所（1994年）です。

しかし、臨時の国際法廷ではなく、個人を裁くことのできる国際的な常設裁判所の設立を求める声が世界で高まり、誕生したのがICCです。ICCは国家や武装グループ等の集団を裁くことはできず、加害者個人を裁きます。今回のウクライナ戦争で、現段階で加害者として逮捕状が出たのは、プーチン氏ら2人です。

ICCの締約国は、2023年4月現在、日本を含む123カ国です。

しかし、国連安保理常任理事国5カ国のなかでは、アメリカ、中国、ロシアの3カ国は非締約国であり、非締約国はICCに協力する義務がありません。

ICCは2022年6月、ロシアのウクライナ侵攻後に起こった戦争犯罪を捜査する、専用の事務所をウクライナ国内に開設しましたが、それ以前に、ウクライナでロシア軍が行った戦争犯罪と見られる案件を、具体的に5点挙げています。

（1）2022年3月9日、マリウポリの産科小児科病院をロシア軍が攻撃し、少なくとも3人が死亡。17人が負傷。

（2）同3月16日、マリウポリの劇場をロシア軍が空爆。子どもを含む市民1300人が避難するも、300人が死亡。

マリウポリではまた、近郊の村に集団墓地と見られる穴が大量に掘られていました。ロシア軍が市民を殺戮し、証拠隠滅している可能性が指摘されています。

（3）同4月3日、ブチャでロシア軍の占領・撤退後に、道ばたに後ろ手に縛られ、頭部に銃弾を受けた地元住民ら400人以上の遺体が発見されました。これは法を逸脱した集団殺害であり、このブチャの惨劇については、動画、写真、衛星画像、住民の証言、遺体の状況など多数の証拠が残されています。

（4）同4月8日、クラマトルスクで、避難しようとする市民が集まった駅をロシア軍がミサイルで攻撃。57人死亡。

（5）同4月13日、スーミで、ロシア軍により手を縛られ、拷問を受けた形跡がある100人以上の遺体を確認。ロシア軍はまた、移動火葬車で遺体を焼却している疑いも浮上しています。

ICCは、これらの犯罪について「戦争犯罪」と「人道に対する犯罪」の2点で、プーチン氏らを捜査・追及したいと考えています。

私は、プーチン氏以外にも、イギリスの新聞『タイムズ』も報じている、「今回ロシアを戦争に導く上で中心的な役割を果たした」とされる、パトルシェフ安全保障会議書記、治安機関のFSB（連邦保安庁）のボルトニコフ長官、それにショイグ国防相らも、捜査の対象者リストに加えるべきだと思います。

とくに、プーチン氏と同じソビエトの情報機関KGB（国家保安委員会）出身のパトルシェフ氏と、ボルトニコフ氏が、軍事侵攻の必要性を強く主張したとされています。

ICCのカーン氏は、逮捕状を発行する前に、ロシアの検察当局に対し、プーチン氏らを対象に、捜査への協力を求める書簡を3回送りましたが、返答は一切ありませんでした。

## プーチンが国際法で有罪になっても、死刑はない

戦争犯罪の捜査や処罰を行うには、大きく分けて次の2つの方法があります。

国際刑事裁判所（ICC）など国際刑事法廷が裁判を行う方法と、もう1つは、各国の捜査機関や裁判所が自国の法律に基づいて裁く方法です。

ICCの国際刑事法廷で容疑者が裁判で裁かれるためには、締約国は自国を容疑者が訪れた際に、締約国としての義務を遂行するために、容疑者を逮捕しなくてはなりません。逮捕しないと義務違反になり、締約国の地位を解除されます。

ただし、国際法には、現職の国家元首や外務大臣などの、一定の公的地位にある人物に限っては他国は刑罰権を行使できない、外交上の特権があります。

これは、国の主権や外交を保護する上で欠かせないルールで、認められた権利です。

ただ、そうした特権が認められてしまうと、戦争犯罪などについてICCが逮捕状を発行した容疑者を、逮捕・訴追・処罰することは不可能となり、「国際法上、最も重大な犯罪を処罰する」という国際刑事法の理念が、正面から否定されてしまうことになりかねま

せん。

　そこでＩＣＣは、「公的地位による免除は認めない」という立場をとっており、容疑者の身柄を確保できれば、国家元首であっても訴追・処罰は可能です。

　では、ＩＣＣは、実際にプーチン氏らをどうやって逮捕・訴追・処罰するのでしょうか。プーチン氏らが、ＩＣＣの締約国を訪問すれば、その締約国を通じて身柄を引き渡してもらうことが可能です。

　しかし、プーチン氏らがロシア国内に留《とど》まっている場合、他国の検察当局が逮捕するのはほぼ不可能です。

　そこで、長い時間をかけて、ロシアに対して国際社会による経済制裁や外交上の圧力などをかけ続けることが重要です。そうするうちに、国内の批判や糾弾にさらされることで容疑者が失脚したり、大統領などの役職を解任されたりするなどして特権を剥奪《はくだつ》され、逃げ場をなくすことが重要です。

　近い将来、ロシアで政権交代やクーデターなどが起これば、経済制裁の解除と引き換えに、ＩＣＣは「プーチン前大統領らの身柄引き渡し」を要求することが可能になるかもしれません。

今回のウクライナ侵攻の首謀者たるプーチン氏らの非人道的行為を、国際社会が処罰できなければ、今後も戦争が起きるたびに同様の惨劇が繰り返されてしまいます。これを国際社会は容認すべきではありません。

ただ、これまでの歴史を振り返ると、戦争犯罪は不処罰のまま放置されたケースの方が圧倒的に多いのです。裁判官が十数人しかいないＩＣＣで、すべての戦争犯罪を裁くのは不可能だからです。

そのため、ＩＣＣにすべてを任せるのではなく、各国が主体となって自ら逮捕・訴追・処罰をすることが重要です。

各国が、国内法に基づいて逮捕・訴追・処罰をする場合、通常の刑事裁判と同様、それぞれの国の法定刑が適用されます。

日本でもプーチン氏を逮捕し、裁くことは可能です。

プーチン氏が来日した場合、政治的にもハードルは非常に高いと思いますが、日本の捜査機関がプーチン氏の身柄を確保し、日本の裁判所で刑事裁判を始めることになります。

ただ、戦争犯罪を国内法で規定していない日本の現状では、通常の殺人罪や傷害罪を適用して、逮捕・訴追・処罰することになります。

ICCは、容疑者の証拠収集や身柄確保は、締約国の協力に頼っています。逮捕・訴追・処罰の実行についても、あくまでも締約国に委ねています。

今回のプーチン氏らへの逮捕状の発行は、国内法に戦争犯罪の規定があるドイツ、フランス、カナダといったICCの締約国の捜査当局が協力して、情報収集を行った成果です。

ICCは、「戦争犯罪」と「人道に対する犯罪」の2点で、プーチン氏らを捜査・追及したいと考えていると記しましたが、では、プーチン氏らが問われる戦争犯罪とは具体的にどのようなものでしょうか。

国際刑法に、「上官責任」があります。

上官責任とは、軍の指揮官や政府指導者等の上官が、部下による犯罪の発生を知り、または知っているべきであったにもかかわらず、これを防止または処罰しなかった場合には刑事上の責任を負うというものです。

上官責任を満たすには、2つの要件があります。

1つは、犯罪が行われていることを知っている、または当然知るべき状況であったこと。もう1つは、権限の範囲内で防止、もしくは抑止の措置をとることができたのにとらなかったケースです。

ICCが、プーチン氏らの指揮命令系統をどこまで解明できるかにもよりますが、違法な戦争を始めた侵略犯罪、そしてロシア兵による人道に対する犯罪や戦争犯罪についての間接正犯や上官責任で、プーチン氏らは訴追されなくてはなりません。

間接正犯とは、他人の意思を完全に支配し、犯罪を実行させる行為をいいます。つまり、プーチン氏らが直接、手を下さなくても部下を使って犯罪を行わせたことが立証されれば犯罪行為は成立します。

ロシアのショイグ国防相がマリウポリ掌握を報告した2022年4月21日、ウクライナの製鉄所の地下壕に、国家警備隊や1000人を超える市民が避難していた折、「ハエ1匹通れないよう封鎖せよ」とプーチン氏が命じる映像が流れました。

その映像は、「犯罪が行われていることを知っている、または当然知るべき状況であった」、そして「権限の範囲内で防止、もしくは抑止の措置をとるべきであった」の2つの要件を満たしていて、国際刑事法はプーチン氏の上官責任を問うことができると思われます。

ただ、実際にはプーチン氏らの逮捕・訴追・処罰は、ロシアがウクライナとの戦争に敗けた後になります。

戦時下では、プーチン氏が命令や教唆したことを示す文書や通信記録、証言などをロシアに求めても、提出してくる可能性は皆無でしょう。だからといって、諦めていいわけではありません。

プーチン氏らに有罪が確定したら、どのような刑罰が科されるのでしょうか。

国際刑事法には、「何年以上、何年以下の懲役」といった細かい規定はなく、最長30年以下の拘禁刑、そしてそれ以上の罪を犯したと判断された場合「終身刑」とだけ定められています。死刑はありません。

もし、ICCが今後、大国ロシアを前に日和《ひよ》ったり、政治的な駆け引き等に屈して戦争犯罪を問えない事態が起こるとしたら、ICCの存在意義は失われ、権威は失墜することでしょう。

2023年5月4日、ゼレンスキー大統領はオランダ・ハーグのICCを訪問し、ロシアの「侵略犯罪」を裁く特別法廷を設置しなければならないと改めて要請しました。

ICCはプーチン氏らに逮捕状を発行し、ウクライナ侵攻での戦争犯罪や人道に対する犯罪を引き続き捜査していますが、より広範な「侵略犯罪」での追及にはロシア国内での捜査が必須で、ICCの管轄権が及びません。

そもそも侵略犯罪は、ICC締約国の国民しか起訴できないため、現状のままではプーチン氏の立件は困難です。

これはロシアがICC非締約国であるためで、非締約国の国民を侵略犯罪で裁くためには、国連安全保障理事会の付託が必要です。

しかし、安保理の付託には、常任理事国であるロシアが拒否権を持っており、壁にぶち当たるのが明々白々なために、ゼレンスキー氏はロシアの拒否権の及ばない特別法廷の設置を求めているのです。

ロシア側は、ICCからの逮捕状の発行については繰り返し、自軍による犯罪行為はないと否定していますが、ゼレンスキー氏は、プーチン氏およびロシアの戦争犯罪を追及することで、この戦争を勝利に導いていく構えです。

## プーチン・ロシア外交に突きつけられた最後通牒

国際刑事裁判所（ICC）から逮捕状を出されたプーチン大統領は、ICCの締約国123カ国に足を踏み入れた場合、直ちに身柄を拘束される可能性があります。

ドイツとオーストリアは、プーチン大統領が入国したら逮捕すると、公式に発表しています。

しかし、EU加盟国でNATO（北大西洋条約機構）加盟国でもあるハンガリーは、隣国ウクライナ西部のハンガリー系住民が多い地域をめぐってウクライナと関係が悪化。ハンガリーはウクライナ侵略を続けるロシアへの制裁にも反対しており、NATOの結束に影を落としています。

ICCのプーチン氏への逮捕状の発行は、ロシアの友好国の結束にも影を落としています。

ロシアが加盟する新興5カ国の枠組みBRICSのメンバー国のブラジルと南アフリカ、そして、反米の価値観をロシアと共有してきたベネズエラもICC締約国です。

旧ソ連構成国でつくるCIS（独立国家共同体）のメンバーはロシア以外に8カ国ありますが、ICC締約国はタジキスタンとモルドバの2カ国のみです。

未批准の署名国はウズベキスタン、キルギス、アルメニア。そして、非締約国は、カザフスタン、ベラルーシ、アゼルバイジャンの3カ国です。

「タジキスタンにも行けなくなる！」

とロシアの独立系メディアは、プーチン氏らへの逮捕状の発行はクレムリン（大統領府）にとって想定外で、ロシアにとって衝撃だと伝えています。

タジキスタンは、ロシア軍が駐留する友好国ですが、ICC締約国のため、プーチン氏が訪問すると、逮捕される可能性があります。

その他、これまで自由にプーチン氏が往来していたCISの友好国にも、今後、訪問をためらう事態も予測されます。

一方、微妙な立ち位置なのが、ウクライナ侵攻後もロシアと一定の中立を保ち続けるインドです。ICC非締約国ながら、インドのモディ政権が、プーチン氏の逮捕状をどう受け止めるかは不透明です。

中国もまたICC非締約国ですが、2023年3月の訪露時に習近平国家主席は、2023年度中に計画している「一帯一路」の国際協力サミットフォーラムにプーチン氏を招請しました。逮捕状の「無効」を訴え屈しない立場を貫くためにも、ここは是が非でもプーチン氏としては、訪中に前向きにならざるを得ません。

中国の他は、ロシアと親密なトルコ、北朝鮮などICC非締約国は限られており、今後はそうした国々と関係を深めていくしかありません。

今後、ロシアは、「容疑者」扱いの人物を大統領に担《かつ》いでいる間は、ICC非締約国以外の多くの国々と、まともな外交のテーブルにつけるとは思えず、国際社会から最後通牒を突きつけられたプーチン氏の外遊は大きく制限され、不利になるのは明らかです。

しかしながら、プーチン氏が、国際会議の出席を見送れば「逃げている」との印象を内外に与えかねず、ロシアは岐路に立たされています。

当面の焦点は、南アフリカで2023年8月に開かれるBRICS首脳会議です。

プーチン政権は、米国の一極支配に対抗する多極主義の舞台として、中露主導の上海協力機構（SCO）と並んでBRICSを重視しています。万一、プーチン氏がBRICSに出席しないとなると、今後BRICSは中国主導で動くことになりかねず、ロシアにとっては憂慮すべき事態です。

ウクライナを支援する西側諸国を代理戦争の敵と見なすなか、ロシアは牽制《けんせい》のためにもプーチン氏の南アフリカ行きは外せないところですが、その南アフリカはICC締約国です。

南アフリカは、グローバルサウスの一角で、ウクライナ侵攻ではロシアに制裁を科す西側諸国と距離を置いています。

ロシアとしては、BRICS首脳会議に参加の道筋をつけ、2023年9月にインドで開催される20カ国・地域首脳会議（G20サミット）参加へとつなげたい。インドはICC非締約国だからです。

ただ、南アフリカがICC締約国である以上、逮捕のリスクがゼロになったわけではなく、プーチン氏の出席をめぐり混迷する南アフリカは、仮にプーチン氏が出席した場合の対応についても、ICCに法的助言を求めたいとしています。

## 召集令状からの国外逃亡チケット100万円で完売

「ロシアのプーチン大統領は、21世紀最悪の大虐殺者」

とは、ある日本の軍事ジャーナリストの言葉です。

2022年9月21日、プーチン氏は、国民向けのテレビ演説で、「職業軍人だけでなく、市民約30万人の予備役を招集し、戦地に投入する」と表明し、部分的動員に関する大統領令に署名。即日、動員措置は開始されました。

平和な日本にいると、召集令状が届く恐怖は実感できませんが、招集されるロシアの人々は血が凍る思いでしょう。

招集の対象となったのは、大学生を除く18～27歳の男性のうち、1年間の義務である軍の兵役服務を終えた予備役30万人。動員令の発表に、市民は反発。「子どもの命は渡さない」「戦争反対」などと叫び、抗議デモが38都市で同時多発的に発生し、多数の人々が警察当局に拘禁されました。

一方で、動員令が発表された直後から、「腕を骨折する方法」「徴兵を回避する方法」などの検索数がロシアの検索エンジンで急増。国境の検問所では国から逃れる車列が長蛇となりました。

また、空港には金銭に余裕のある人々が国外へ脱出するために殺到。彼らの〝逃亡先〟は、モスクワからノービザで行けるトルコ、アルメニア、アゼルバイジャンなどで、航空チケットが片道100万円以上もの高額で取り引きされ、たちまち完売しました。

プーチン氏はまた、部分的動員に関する大統領令に署名した際の演説で、「わが国の領土保全が脅《おびや》かされた場合、ロシアとその国民を守るために、核兵器を含めすべての軍事手段を行使する用意がある。我々を核兵器で脅迫しようとする者は、風向きが自分たちの方向にも向くことを覚えておくべきだ」と述べました。

21世紀のこの時代、いったい民主主義国家のどの国が、ロシアを核兵器で脅すというのでしょうか。

「核使用は脅しではない」

と真顔で表明するこの狂気の人物によって、無意味な戦争に動員させられる無数の無辜《むこ》の市民の悲劇を、世界中の人々は深い同情と哀れみとともに見ています。

そして、さらに絶望的なことに、今この地球上に、正義のヒーローやスーパーマンは存在せず、いかなる人物も、国家も、戦争の首謀者の首ねっこを押さえつけて、この戦争をやめさせる力はありません。

この常軌を逸した人物ととりまきの、これからも続くであろう暴走と、その果てに待ち受ける世界を想像すると身の毛がよだち、身が凍りつく思いがするのは私だけではないでしょう。

## 巨額な賠償金を払わせるためには、全面降伏が必要

「核使用は脅しではない」

とプーチン大統領がテレビ演説で述べた日の翌2022年9月22日、バイデン大統領は

ニューヨークの国連総会で演説し、プーチン氏が核戦力の使用も辞さない構えを示したことについて、「ロシアはＮＰＴ（核兵器不拡散条約）の締約国でありながら、核不拡散体制の責任を無視した無謀な発言だ」と批判。

その上で、「ロシアは国連安全保障理事会の常任理事国でありながら隣国に軍事侵攻し、地図から主権国家であるウクライナを消そうとしている。国連憲章に違反した行動をとっている」と強く非難しました。

ウクライナのゼレンスキー大統領も、国連総会でビデオ演説を行いました。

「私たちは平和を取り戻すために戦っている。ウクライナは平和を求めている。ヨーロッパは平和を求めている。世界は平和を求めている。しかし、ただ1人、戦争を望んでいる人物がいる。ロシアを裁くための特別法廷が開かれ、しかるべき処罰が下されることが必要だ。領土の保全と、ウクライナが受けた被害を補償するための基金の設置を求める。また、安保理におけるロシアの拒否権を剝奪することも要求する」

今回の戦争は、プーチン氏が始めた侵略戦争であり、ロシアはウクライナのインフラを破壊し続けています。ロシアに巨額の賠償金を支払わせるためには、ロシアを全面降伏させることが前提で、その上で国際刑事裁判所（ＩＣＣ）に持ち込む必要があります。

西側陣営は一致団結して、ロシアに経済制裁をかけ続け、またウクライナに軍事を含めた支援を継続しなくてはなりません。

ウクライナもまた、ＩＣＣとともにロシアの戦争犯罪を裁くために有利な証拠集めをする必要があります。

裁判となったなら、当然ながらロシアも自国に有利な主張をするでしょう。

ゼレンスキー氏も、内政的にも外交的にも味方を得られるように、うまく立ち回ることのできるタフな政治家であることが求められます。

## 戦争犯罪に時効はないが、逮捕・訴追は困難か

大規模な人権侵害を犯した人物は、国際的な法廷で裁かれなくてはなりません。人権がいかに大切であるか、人権はいかに尊重されるべきものであるか、人権侵害を行ってはならないことを、世界に知らしめる必要があるからです。

そのためには、どれだけ時間がかかろうとも、容疑者となったプーチン大統領らを、国際刑事裁判所（ＩＣＣ）は公正に裁かなくてはなりません。

過去に、戦争犯罪人が裁かれたケースを挙げてみます。

2020年6月、アフリカ北東部のスーダン共和国で行われたダルフール紛争をめぐり、人道に対する犯罪と戦争犯罪の容疑で逮捕状が発行されていたアリ・クシャイブ元民兵組織幹部が、自らICCに出頭しました。

クシャイブ被告は、2003年8月から翌年3月にかけて重大な人権侵害を指揮したとして、2007年、人道に対する犯罪22件と戦争犯罪28件の容疑でICCから逮捕状が出ていました。

また、同じくスーダン共和国のオマル・アル＝バシール元大統領に対しても、ダルフール紛争をめぐり、クシャイブ氏らとともに集団虐殺に関わった疑いなどで逮捕状が出ており、ICCが同国に身柄の引き渡しを求めていますが、未《いま》だ逮捕にいたっていません。

スーダンは、ロシアと同じICC非締約国です。

バシール氏の訴追に向けて、ICCの捜査が始まったのは2005年で、最初の逮捕状が出たのは2009年3月と、4年近くかかっています。

2011年5月、旧ユーゴスラビアの解体の過程で起こったボスニア・ヘルツェゴビナ内戦では、「ボスニアの虐殺者」と呼ばれたセルビア人武装勢力のラトコ・ムラディッチ元司令官は逃げおおせず、セルビア政府に拘束され、身柄は旧ユーゴスラビア国際刑事裁判所に引き渡されました。

ムラディッチ被告は、内戦中にボスニア東部スレブレニッツァで、「イスラム教徒8000人の虐殺を指揮した」としてジェノサイドなどの罪で戦争犯罪に問われ、起訴されていました。

2020年8月、ムラディッチ被告は「国を守っただけだ」と無罪を主張しましたが、最高刑の終身刑が確定しました。

このような事例があるとはいえ、戦争犯罪人が逮捕・訴追され、裁かれる道は容易ではありません。

ましてや、プーチン氏のような大国の元首ともなれば、国際社会は一枚岩ではなく、逮捕・訴追・処罰へとたどる道は極めて険しいものがあります。

しかし、多くの人命を奪った戦争犯罪人は許されていいはずはなく、国際刑事法に基づいて訴追され、裁判にかけられ、厳罰に服さなくてはなりません。そのためには、国際社会の協力と結束が不可欠です。

戦争犯罪や侵略犯罪に時効はありません。

重罪を犯せば、何人《なにびと》であれ、国際刑事法に基づいて訴追され、処罰される。国際社会が一致団結して、そうしたメッセージを発信し続けることが、第二、第三のプーチン氏のような戦争犯罪人を生まないために、非常に重要です。

## プーチンに近いロシア財閥の凍結資産をウクライナ復興に充てるEUの案

「我々は、ブチャの住民虐殺の悲劇を覚えている。ロシアはこのようなおぞましい罪を償わなければならない。ロシアに破壊の代償を払わせる」

とEU（欧州連合）のフォンデアライエン欧州委員長も述べているように、EUにも「ロシアは罪の責任を法廷で負うべき」との根強い意見があります。

2023年1月19日、EU欧州議会は、国際刑事裁判所（ICC）とは別に、EU主導で独自にウクライナに侵攻したロシアを裁く「特別法廷」の設置を求める決議案を賛成多数で採択しました。ただし、決議に法的拘束力はありません。

今後、特別法廷は国連の支援を前提に、EU加盟国の承認を得て、国連総会に設置決議案を諮《はか》る方針で、G7（主要7カ国首脳会議）やICCの協力も取りつけ、実際の捜査は、EU加盟国を中心に世界に支援を求めるというものです。

EUは、ロシアや戦争犯罪を犯したプーチン氏らに鉄槌を下すべく、プーチン氏に近いロシアのオリガルヒと呼ばれる新興財閥の資産を凍結。

EUは、オリガルヒの凍結した資産を資金化し、侵攻によってウクライナが受けた被害の復興費用の一部に充てる考えを示しています。

## アメリカはなぜ、プーチンを裁けないのか

民主主義のリーダーであるべきアメリカが、国際刑事裁判所（ICC）の非締約国と知って驚く人も多いのではと思います。

民主主義を標榜《ひょうぼう》するアメリカがなぜ、専制主義国家の中国、ロシアと並んで非締約国なのでしょうか。ここに、アメリカの民主主義の抱える弱さとジレンマがあります。

その理由を端的にいうと、良くも悪くも、アメリカの大国主義によるものです。

大国主義とは、軍事力・経済力などが強大な大国が、他国や他民族に対して支配的立場

にたち、自国の立場や主張を押しつけることをいいます。

1991年のソ連崩壊後、世界で唯一の大国となったアメリカは、他国に対して支配的・抑圧的行動をとってきました。

その大国主義的スタンスが、戦争を引き起こすことになり、実際に戦争によって世界の覇権を握るアメリカは、ICCへの参加を自ら見合わせているのです。

1998年、ICCを設立するための国際会議「ローマ会議」が開かれました。当時のクリントン政権とアメリカ上院は、ICCの設立を強く支持しました。それは、ICCをアメリカ主導で意のままに動かし、国際法の面でもアメリカ1強を固めようとしたからです。

しかし、採択されたICC規定は、アメリカが思い描いたものにはなりませんでした。締約国になると、戦争に自国の兵士を派兵した場合、そこで行われた戦争犯罪について、国の指導者がICCに訴追される可能性があります。その恐れを排除できないとアメリカは判断し、締約国にはなりませんでした。

アメリカは実際に湾岸戦争、アフガニスタン戦争、イラク戦争など、戦争を主導してきました。トランプ前政権は、アフガニスタンでのアメリカ軍兵士による虐待行為を調べていたＩＣＣに反発し、検察官たちに制裁を科しました。

アメリカがもし締約国であれば、今回のプーチン大統領同様、アメリカの大統領が戦争犯罪に問われることもあり得たと思います。

## 「民主主義国家が増えれば戦争がなくなる」のウソ

平和と民主主義を守り、戦争犯罪人を生み出さないために国際刑事裁判所（ＩＣＣ）など国際機関が、人権弾圧などの戦争犯罪の事実を丹念に掘り起こし、逮捕・訴追・処罰することは重要です。

専制主義国家の指導者らは、時に自らに都合良く歴史や事実を改ざんし、吹聴し、国民や世界を欺《あざむ》きます。意識的に権力の側から発せられた偽情報が飛び交い、国民を抑圧する口実に使われるのです。

「ウクライナは、歴史的にロシアに従属している」などと自らの妄想と詭弁を弄し、隣国に攻め込んだプーチン大統領のような振る舞いを国際社会が許せば、さらなる新しい戦争を引き起こすことにつながります。

ただし、戦争を起こすのは専制主義国家だけではありません。

「民主主義国同士は戦争をしない」

18世紀末のドイツの哲学者イマヌエル・カントの言葉です。

21世紀の今日、民主主義国が戦争をするときは、相手方に民主主義国がいない場合に限られ、民主主義国同士は戦争をしないという論は成り立っても、民主主義国が戦争をしないわけではありません。民主主義を標榜《ひょうぼう》するアメリカは、戦後、いくつもの戦争を主導してきました。

民主主義は平和につながる。

民主主義国を増やせば世界は平和になる。

アメリカ外交は、「民主主義は正義」「民主主義による平和」という考え方が強く、この「民主主義平和論」を基軸に国家戦略が立てられています。

しかしながら、「民主主義国家が増えれば戦争がなくなる」との国家観は、「民主主義のために戦争をする」という恐るべき悪弊《あくへい》とジレンマを生み、そのジレンマの渦のなかに日本も含め世界中が巻き込まれ、逃れられなくなっているのが現実です。

# 第3章

# プーチンはスマホに勝てるのか

## CIA職員は絶対に市販のスマホを持たない

2008年から2011年まで、私はアメリカの日本大使館に勤務していました。当時はオバマ政権で、アメリカでの私の任務は、中央情報局（CIA）や国務省の情報研究局（INR）、国防省の国防情報局（DIA）などのインテリジェンス機関からの情報収集に加え、ホワイトハウス、国務省、国防省、連邦議会などの政策決定者から中東政策に関する情報収集をしたり、彼らと意見交換を行ったりすることでした。

私の家は、ワシントンD.C.郊外のバージニア州マクリーンにありました。車で日本大使館まで30分程度で、その途中に広大な森が広がり、その一角にCIAがありました。看板こそ出ていませんが、CIAであることは知る人ぞ知るです。

CIAは、国家情報長官の直属の対外情報機関で、主に大統領と内閣に情報を提供することを目的に、人的情報を利用して、世界中から国家の安全保障に関する情報を収集・処理・分析することを公式の任務としています。人員は2万人程度です。

以下、現役のCIAの職員の名前は伏せます。名前が公になると、私の命も脅かされることになるからです。

ワシントンD.C.には、元CIAの方もいて、議会やシンクタンクなどで働いています。

私は、現役のCIA、元CIAと、いろいろな方々とのお付き合いがありましたが、まず一番に驚いたのは、彼ら情報を扱うCIA職員の「持ち物の管理」です。

CIAの本部に入るときは、パソコン、携帯電話含め一切の電子機器は、広大な敷地の入り口で没収され、退出するまで返却されません。

現役のCIA職員と会う場所はCIAの本部敷地内と決められています。ただし、元CIAの方となら敷地の外で会うことができます。

元CIAの方と食事をする機会を得て、ふと相手の携帯に目をやると、その携帯は市販のものではなく、情報秘匿の特殊機能を施した特殊な携帯でした。その点を指摘すると、

「中川さん、市販の携帯を持つことは、私たちの命が狙われるということを意味します」

平然と、元CIAの方は私に言いました。

市販の携帯を持つと命を狙われる、とはどういう意味なのでしょうか。

市販の携帯は情報が漏洩《ろうえい》するので、相手が携帯を持っていれば、居場所などの個人情報を知ることができますが、一方でこちらが携帯を使えば、こちらの情報も相手に筒抜けに

なります。

CIAに限らず、情報や諜報《ちょうほう》などインテリジェンスに関わる仕事をする人間にとって、携帯は、まさしく命を落とすことにもつながる時限爆弾です。

「相手が市販の携帯を持っていれば、それだけで勝ったも同然。利便性の高さは、命を落とす確率の高さでもあるんですよ」

アラブの湾岸諸国は、ハイテク国家イスラエルの監視技術をフル活用して、政治批判に対する監視や取り締まりを強化し、政権維持を行っています。

2021年12月、サウジアラビアとUAE(アラブ首長国連邦)が、イスラエル企業の開発したスパイウェアを使い、アラブの民主化を煽動《せんどう》していると見なすアルジャジーラの記者36人のスマートフォン(以下スマホ)をハッキングしていたことが判明しました。

ところでなぜ、スマホから情報が漏洩するのでしょうか。

スマホには、GPS機能がついているからです。

GPSは、全地球測位システムと訳され、もともとはアメリカで開発された軍事技術でした。

それが民間に転用され、今では個人が持つスマホにも搭載されています。

地球を周回しているGPS衛星の電波を、スマホの端末が受信し、どこにいても現在位置を測定します。

GPS機能があるために、スマホを紛失したときでも、他の端末などを利用してスマホを探すことが可能なのです。

また、「位置を測定」する機能に加え、スマホは特定の個人に関する情報の宝庫です。

私が今、最も気になっているのは日本の国家公務員のスマホのセキュリティ対策です。

私が外務省を退職したのは2020年7月ですが、当時、霞が関では管理職に限っては国からセキュリティ対策が一定程度施された公用スマホを与えられていました。しかし、中堅、若手の一般職員は、私用のスマホを使って仕事をしていました。

海外の大使館では、職員は皆国から支給された公用スマホを使用していました。

しかし、国内においては、国家公務員で、未《いま》だ市販のスマホを使っているケースが散見されます。早急に公用スマホを支給するなど、危機管理の対応が必要です。

国の安全保障を担う職員への予算を渋《しぶ》ることは、国民の命や安全を確保するという国の役割を放棄していると言わざるを得ません。

スマホの情報漏洩のリスクがいかに高いかという証左の一例は、2023年3月、岸田文雄総理がウクライナのゼレンスキー大統領を訪問した際にもありました。

移動する列車内で、ウクライナとの国境が迫ると、総理はじめ訪問団全員がスマホの電源を切り、電波を遮断するシールドボックスの中に入れました。スマホの電波から居場所が特定されるのを防ぐためです。

スマホによる情報の特定・漏洩は、企業にとっては最悪の場合、倒産の危機さえ招きかねません。アプリのインストールに制限があるなど、高いセキュリティ対策が施された業務用スマホの活用は、今や時代の趨勢《すうせい》となっています。

## 安倍元総理はあえてガラケー愛用者

安倍晋三元総理は生前、総理時代から一貫してガラケーを使い続けていました。

死去する当日朝も、羽田空港から伊丹空港に向けて出発する前の航空機の座席で、新聞を広げてガラケーを使う姿が目撃されています。そのガラケーには、当然ながら盗聴されないよう、通信を暗号化したアプリが入っていました。

ガラケーとは、日本で開発されたボタン式の携帯電話のことで、「ガラパゴス携帯」を略して「ガラケー」。太平洋の赤道直下にあり、どの大陸にも接した歴史がなく、独自の進化を遂げた動物たちが多く棲んでいるガラパゴス諸島が由来になっており、日本で独自に開発され、発展してきた携帯電話です。

安倍氏はなぜ、機能も限られ、見た目も古い前時代的なガラケーをわざわざ、使い続けてきたのか。

いち早くFacebookを始めるなどIT関係に明るいと思われていたため、てっきりスマホを使っているものと思い込んでいたのが、ガラケーを使っていて驚く人も多かったとか。

今やガラケーを使っているとスマホを使いこなせない〝情報弱者〟扱いされることもあるなか、安倍氏は政治家として、機密情報を守るためにあえてガラケーを使っていたのです。

なぜなら、スマホよりもガラケーの方がセキュリティが高いからです。総理大臣はじめ政治家の携帯にある情報は、いかなる情報もすべて国家機密です。

アメリカのオバマ元大統領は情報漏洩《ろうえい》を防ぐため、iPhoneやアンドロイド端末ではなく、ブラックベリーと呼ばれる古いスマホを製造元に依頼してカスタマイズし、セキュリティを高めた上で使っていました。安全性を高めるために多くの機能が制限され、通話ぐらいしかできなかったそうです。

## スマホは戦場で命を落とすツール

ウクライナ戦争においては、ウクライナ・ロシア両国とも兵士はスマホを持って戦場に出ます。

戦場に出たら最後、いつ帰還できるかわからない兵士にとって、祖国に残した妻子や恋人や両親とつながる唯一の手段がスマホなのです。

しかし、そのスマホは、ときに、自らの命を落とす危険なツールとなります。

ウクライナに軍事侵攻したロシア兵のスマホでの会話を、アメリカの情報機関が受信し、その情報をウクライナ軍に伝え、戦況に多大な影響を与えています。

また、戦場では、通話の傍受だけでなく、ドローンで得たスマホの位置情報も〝武器〟として使用されます。

2023年1月1日、ウクライナ東部ドネツク州の州都に隣接するマキイウカで行われた、高機動ロケット砲システム「ハイマース」によるウクライナ軍の攻撃で、ロシア軍兵士89人が死亡しました。スマホの使用を禁止されていたにもかかわらず、頻繁に使用したことが原因で、兵士の位置が割り出され攻撃を受けたものと、ロシア軍も認めています。

## LINEはダダ漏れ、国の機密情報もたれ流している

無料の通話アプリLINEの国内利用者数は2022年12月の時点で9400万人で、利用率は国内でのスマホ・ケータイ所有者のうち8割をこえ、他を圧倒しています。

しかし、LINEには安全保障上のリスク、個人情報の管理問題が根深く存在しているとの懸念があり、それは今も完全に払拭されているとはいえません。

LINE側から利用者に十分な説明がないまま、業務委託先の中国企業が個人情報にアクセスできる状態になっていたことが新聞で報じられましたが、さらに利用者が投稿した画像・動画データを韓国内のサーバーに保管していたことが明らかになり、LINEのずさんな運営が問題になっています。

情報機関で働く人は、業務ではLINEなど民間の情報ツールを信用せず、使いません。プライベートでLINEなど民間の情報ツールを使用する場合は、情報が漏れることが前

提で、漏れても支障がないものに限って使用する。あるいは使用者が誰かわからないようにしています。

ＬＩＮＥは便利だからと、日常的に使用している国会議員もいるようですが、国の機密情報がダダ漏れで、その情報を外国の情報機関が入手している可能性が大いにあります。国会議員がＬＩＮＥを使用している時点ですでに、その議員は、国の安全保障に影響を及ぼしています。

国会議員に限らず、一般の人でも、ＬＩＮＥやＳＮＳなどに中国の社会や政治体制などを批判した内容を書くと、その情報は中国のビッグデータに記録されるといわれています。

その人が中国や中国の友好国へ仕事や観光で訪れた場合、空港やトランジットで、いきなり拘束される恐れがあります。

ＬＩＮＥを使う限り、あなたの個人情報は、あなたの知らないところで筒抜けとなり、拡散され、悪用される懸念があります。

## 広報活動にTikTokを使うのは論外

世界で10億人以上の利用者がいるTikTok（ティックトック）。中国企業が運営するこの動画投稿アプリは、若い世代を中心に日本でもアメリカでも利用が拡大しています。

しかし、利用者の個人情報が中国政府に漏洩《ろうえい》しているとして、欧米では政府機関などを中心に使用禁止の包囲網が広がっています。

日本では野放し状態のTikTokですが、一方で、アメリカでは政府職員に対しパソコンやスマホでのTikTokの使用を禁止する法律が成立し、政府支給の端末からTikTokを削除するよう命じています。

2023年3月1日には、ついに、アメリカ議会下院の外交委員会が国内でのTikTokの一般利用を禁止する法案を可決し、法案が成立すれば、1億人を超える利用者に影響が出る可能性もあります。

追随するように、カナダも、イギリスも、政府が支給する端末での使用を禁止。EUの一部でも規制の動きが活発化しています。

TikTokから漏洩している個人情報とは、利用者の位置情報、パスワードなどのブラウザでの入力情報、趣味嗜好《しこう》といったプライバシーの情報のことです。

アプリをダウンロードする際、個人情報の取扱い方法やプライバシーにどのように配慮しているかを示すプライバシーポリシーが提示されます。承諾しないとアプリを使用できないため、利用者はこれを承諾するわけですが、その中に「キーストロークパターンを収集する」と記載されています。

キーストロークパターンとは、どんなキーを押しているかという情報のことで、スマホやパソコンでTikTokのアプリをダウンロードすると、スマホやパソコンを使っているときに、この人は何を調べているのか、暗証番号は何かなど、それらの情報がすべて筒抜けになるというわけです。

日本でも規制の動きがありますが、欧米より動きは鈍く、政府職員が利用する公用端末のうち、機密情報を扱う機器でのTikTok利用を禁止するという限定的なもので、TikTokを大幅に規制しようという動きにはなっていません。

日本政府も、公用端末での使用を禁止するべきで、国民向けの広報活動でもTikTokの使用を控えるべきであると思います。

## 国の諜報活動への協力を義務づける法律

「武力の行使も排除しない台湾併合」を公約に掲げる習近平国家主席の3期目突入を受けて、米中対立の高まりとともに、日本国内でも危険な中国製アプリへの警戒心が強まり、アプリの安全性に気を遣う人が増えています。

「絶対に使ってはいけない危険なアプリ」と「安全なアプリ」の違いを見極め、意識して使用する時代になりました。

セキュリティソフトの完備など、あなたの個人情報のセキュリティ対策は万全ですか？もしかして、今も気にせず、中国製アプリを日常的に使っていませんか？

なぜ、中国製アプリを使わない方がよいのかというと、必要以上にユーザーのデータを集めて、本人に許可なく中国にあるデータセンターに送り続けているからです。

アプリ1個で、あなたに関するデータは全部、丸裸になり、中国の監視下におかれます。たとえ中国企業が「うちはユーザーデータを外部に漏らしていません」と主張しても、中国政府に個人情報が流出するのを防ぐことはできません。

アカウントを非公開にすればだいじょうぶという次元の話ではなく、アプリに限らず、中国製のものはあなたの情報を全部抜き取ります。そこから芋づる式にあなたの周りの情報もビッグデータに蓄積されていきます。

それはやがて、あなた自身を脅かす危険要因になるのです。

自分の命を守るのは自分自身しかいません。

そして、中国は台湾有事、日本有事の際、その蓄積したデータを必ず使うでしょう。

２０１７年、中国では民間企業や個人に、国の諜報活動への協力を義務づける「国家情報法」が施行されました。

「国家情報法」とは、いついかなるときでも中国政府からの指示があれば、国内外にいる中国人は、所属している企業や個人が持っている情報、その人物が知りうる安全保障上の機密事項など、あらゆる情報を差し出さなければならないというものです。

中国は、収集した様々な個人情報から、特定の人物を割り出し、その人物の趣味嗜好や行動にいたるまで精密に分析してスパイ活動などに当てています。

日本の安全保障など機密性が高い情報が中国の軍事情報に転用されるおそれがあり、国防上のリスクにつながります。

## なぜ電気料金は上がるのか？

電気料金は、どうしてこんなに上がるのでしょうか。理由は2つあります。

1つ目はロシアのウクライナへの軍事侵攻による原油価格の高騰、そして2つ目は再エネ賦課《ふか》金です。再エネ賦課金と聞いてもピンと来ない方も多いのではと思いますが、電気料金の請求書の料金の一部に「再エネ賦課金」、正式名称は「再生可能エネルギー発電促進賦課金」という項目があり、これが電気料金が上がる要因の一つとなっています。

そもそも再エネとは何か。

太陽光・風力・地熱・中小水力・バイオマスといった、温室効果ガスを排出しないエネルギーのことで、国内で生産できることから、エネルギー安全保障にも寄与できる重要な低炭素の国産エネルギー源として期待されています。

実際に、東日本大震災以降、温室効果ガスの排出量は増加しており、2013年度には過去最高の排出量を記録しました。

こうしたなか、2016年に発効したパリ協定においては、(1)世界の平均気温の上昇を産業革命以前に比べて2℃より十分低く保ち、1・5℃に抑える努力をすること、(2)そのため、できるかぎり早く世界の温室効果ガス排出量をピークアウトし、21世紀後半には、温室効果ガス排出量と森林などによる吸収量のバランスをとること、などが合意されました。

温室効果ガスの排出量を削減する再生可能エネルギーは、パリ協定にも貢献することから、日本政府も国をあげて推進しているのです。

そして、その〝高邁《こうまい》な精神〟を支えるのが、私たちが毎月支払う再エネ賦課金というわけです。

2012年からFIT（再生可能エネルギー固定価格買取）制度が始まり、そのときから再エネ賦課金が電気料金に加算されています。

その前年2011年3月11日の東日本大震災と津波により、東京電力の福島第一原子力発電所で事故が発生。その後、日本国内のすべての原子力発電所が安全審査のため停止になりました。

電力の供給不足を補うために政府が推進したのは、太陽光発電や風力発電などの再エネの国内への積極的な導入でした。

それがどうして電気料金の値上げと関連があるのでしょうか。

太陽光発電や風力発電などの再エネ発電は、火力や原発などの発電方法と違って、気象や天候に左右されやすく、電力の確保が不安定です。

そのため、再エネ発電の電気を電力会社等が固定価格で買い取ることができるよう、利用者がその差額を負担するという制度が再エネ賦課金なのです。

開始当初は、再エネ賦課金の一般的な家庭の負担額は年間で700円弱でした。

それが、太陽光発電が想定以上に増え続けたことで、2022年4月以降は「FIP」という変動価格制度に変更されたため、年間の負担額は1万円を超え、電気料金が大幅に上がっているのです。当初の負担額と比較して、なんと、およそ15倍になります。

政府試算では2030年には、再エネ賦課金は、一般家庭では月額1300円、年間で約1万6000円を負担する可能性があります。

要するに、太陽光発電の電力は、実際は消費者側が負担しているのです。

FIT制度という優遇措置が日本にあったために、おいしい発電ビジネスを見つけたと、次々と海外から企業が参入。それら太陽光発電事業者の負担を減らし、つなぎとめるために国民一人一人が毎月支払う再エネ賦課金がそれに充てられているのです。

2023年3月、経済産業省は、4月分以降の再エネ賦課金について、この制度が始まって以来初の引き下げを発表しました。再エネ賦課金制度は、日本のエネルギー安全保障の根幹を問いかけています。

## 中国の太陽光発電と太陽光パネルの2つの闇

現在、全国では70カ所近いメガソーラー発電所が稼働していますが、発電所の3割が外国資本によるものです。

そのなかに、2014年から大阪市の南港咲洲《なんこうさきしま》でメガソーラー発電所「大阪市南港咲洲メガソーラー発電所」の運営を手がけている上海電力日本株式会社があります。

上海電力日本は、上海電力が日本で設立した100%の子会社ですが、親会社の上海電力は中国上海証券交易所に上場している大手電力企業です。

問題となるのは、上海電力が中国共産党の100%子会社という点です。

要するに、日本は上海電力に、日本第2位の都市・大阪の電力という重要な基幹インフラ（社会基盤）の一部を、しっかりと握られてしまっているということです。

そこにどんな問題がひそんでいるのか。中国の「国家情報法」には、いかなる組織および国民も、法に基づき国家情報活動に対する支持、援助および協力を行わなければならない、という規定があります。

郵　便　は　が　き

お手数ですが、
切手を
おはりください。

1510051

東京都渋谷区千駄ヶ谷4-9-7

(株)幻冬舎

書籍編集部宛

| | |
|---|---|
| ご住所　〒<br>都・道<br>府・県 | |
| | フリガナ<br>お名前 |
| メール | |

インターネットでも回答を受け付けております
https://www.gentosha.co.jp/e/

裏面のご感想を広告等、書籍のPRに使わせていただく場合がございます。

幻冬舎より、著者に関する新しいお知らせ・小社および関連会社、広告主からのご案内を送付することがあります。不要の場合は右の欄にレ印をご記入ください。

不要 □

本書をお買い上げいただき、誠にありがとうございました。
質問にお答えいただけたら幸いです。

◎ご購入いただいた本のタイトルをご記入ください。

『　　　　　　　　　　　　　　　　　　　　　　　　』

★著者へのメッセージ、または本書のご感想をお書きください。

●本書をお求めになった動機は？

①著者が好きだから　②タイトルにひかれて　③テーマにひかれて
④カバーにひかれて　⑤帯のコピーにひかれて　⑥新聞で見て
⑦インターネットで知って　⑧売れてるから／話題だから
⑨役に立ちそうだから

| 生年月日 | 西暦　　　年　　月　　日（　　歳）男・女 | | |
| --- | --- | --- | --- |
| ご職業 | ①学生 | ②教員・研究職 | ③公務員 | ④農林漁業 |
| | ⑤専門・技術職 | ⑥自由業 | ⑦自営業 | ⑧会社役員 |
| | ⑨会社員 | ⑩専業主夫・主婦 | ⑪パート・アルバイト | |
| | ⑫無職 | ⑬その他（　　　　　） | | |

ご記入いただきました個人情報については、許可なく他の目的で使用することはありません。ご協力ありがとうございました。

国家情報法は、中国国内のみならず中国以外の国に住む中国人にも適用されるといわれています。

日本も例外ではなく、日本国内で事故や地震など天地異変のほか、尖閣・台湾有事が起こった際、中国共産党の指示により、国家情報法に基づいて上海電力の子会社の上海電力日本が、一斉に大阪管区の電力の送電を停止するのではないか、との懸念が広がりつつあります。

電力は私たちの生活、そして安全保障に欠かせない重要な基幹インフラ（社会基盤）です。

安全保障の観点からいえば、外国企業からではなく、国産の企業のシステムや製品を導入し、利用すべきです。電力インフラに限らず、重要な社会的インフラを外国籍の企業に受注するのは、安全保障上の脅威と認識すべきです。

東日本大震災以前の日本では、太陽光パネルは国産品でまかなっていました。

しかし、高額で需要もあまり伸びないことから、国産企業が開発・生産から撤退。その後、東日本大震災が起こり、国内にあるすべての原発が停止。その後、再エネを求める声に押され、安価というだけで、なだれを打って中国の太陽光発電システムを採用した結果、今日のエネルギー安全保障上の脅威となっているのです。

現在、中国の太陽光パネル製造の世界シェアは、8割に上っています。

2021年6月21日、バイデン政権は、中国製の太陽光パネルが新疆ウイグル自治区で生産された多結晶シリコン（ポリシリコン）を使っているとして、輸入禁止措置をとりました。

ポリシリコンは、太陽光パネルや半導体の重要な材料であり、中国が世界の供給の半分程度を生産しています。そしてそのほとんどは新疆ウイグル自治区に住む少数民族ウイグル族を収容所に入れて拘束し、強制労働によって作られたものであると断定したのです。

しかも、強制労働には、児童労働が含まれており、アメリカの労働省は、「児童労働または強制労働によって生産された品目リスト」の中に、中国新疆ウイグル自治区に住む少数民族のウイグル族の強制労働によって生産されたポリシリコンを加えています。

## 日本企業が中国に買収される

中国共産党は、1921年7月、上海で第1回の党大会を開いて創立されました。

大会に集まったのはわずかに13人。当時27歳の毛沢東も参加していましたが、メンバーの一員にすぎませんでした。

第2次世界大戦後、1949年に毛沢東が中華人民共和国（中国）の建国を宣言。以来、中国共産党は一貫して中国を統治し、指導的存在であり続けています。

そして、今や世界最大の政治組織となった中国共産党の党員数は、2021年末時点で約9600万人。

中国の人口はおよそ14億人。

約15人に1人が党員で、そのトップに君臨するのが習近平党総書記というわけです。

中国共産党規約によると、「中国共産党の党員が3人以上いる企業では、中国共産党組織を設置しなければならない」とされています。

中国にある外資系企業も例外ではありません。

実際に、在中の日本企業が、企業内に設置された中国共産党組織に掌握されたことによって、一時、上場廃止の危機に追い込まれる事態が発生しました。

日本にある中国企業も、中国共産党の管理下におかれ、中国の国家戦略に従って活動を行っていると考えられ、日本の先端技術や武器製造など軍事に用いられる可能性の高い機微技術の流出拠点となる懸念があります。

2022年9月、長崎県佐世保市にある大型リゾート施設が全株式を香港の投資会社に売却し、すでに同社の100％子会社となって営業を続けています。

東京ディズニーリゾートの1・5倍の敷地面積で、単独のテーマパークとしては日本最大。地元からは新たな成長に期待の声が上がる一方、中国傘下となったことへの不安が広がっています。

このテーマパークから、海上自衛隊佐世保基地と米海軍佐世保基地までの距離はわずか約11キロ。佐世保基地は、アメリカ海軍太平洋艦隊第7艦隊の軍事基地で、米海軍の海外で唯一の強襲揚陸艦部隊の前進配備基地になっています。

そんな立地にある施設を、連日のように尖閣諸島で領海侵犯を繰り返す中国に売り渡して良かったのか、との危機感、警戒感を今後の国内の安全保障のためにも強く持つ必要があります。

迫り来る台湾有事を理解する上で、私たち日本人は、中国の次の法律を、知っておかなくてはなりません。

「国家情報法」は、国内外どちらにいるかにかかわらず、中国人に中国政府からの指示があれば、「スパイとして活動せよ」というものです。

また、2023年4月に中国で可決された「改正反スパイ法」は、対中国のスパイ行為の摘発を強化するもので、7月1日に施行されます。摘発の対象範囲が拡大されることにより、国内外でのさらなる締め付けが懸念されています。

「香港国家安全維持法」は、香港に限らず国内外で、国家転覆罪、国家分裂罪、テロ活動罪など、外国勢力と結託し国家の安全を害する罪について規定する法律です。

国家転覆罪は、民主主義や自由を求める活動を弾圧し、出版やインターネットなどの言論を封殺するための規制です。それは日本にいる中国人にも及びます。

国家分裂罪とは、台湾独立、香港独立、チベット独立、ウイグル独立など、「中国が一つの中国であること」を否定し、地域の独立を掲げて運動を起こす罪のことです。

さらに「国防動員法」があり、中国が関与する戦争や武力衝突が起きた場合、金融機関や交通輸送手段、港湾施設、報道やインターネット、医療機関、建設、貿易、食料など、民間資源をすべて政府の管理下におくことができます。

また、有事の際、動員命令が出されると中国人の18〜60歳の男性と、18〜55歳の女性は国防のために兵役の義務を負います。

危惧されるのは、国防動員法が中国以外の国でも適用されることで、それは日本にいる中国人も例外ではなく、尖閣・台湾有事の際は中国軍に動員されるか、あるいは日本にいながらにして破壊活動や軍事活動を行う要員にもなり得ます。

## 中国人が北海道で東京ドーム21個分の土地を買収した

今、日本の土地が、中国人や中国資本に爆買いされています。

とりわけ北海道ではここ数年、広大な森林地帯や水源地、農地などが100ヘクタール単位（東京ドーム約21個分）で買収されるなど、中国人や中国資本による土地購入が進んでいるのです。

なかには、その後、購入した買い手となぜか連絡がつかず、今では手つかずで荒れ放題の森林も珍しくありません。

巨額な中国資本の土地購入をめぐっては、地元の住民でさえも、いかなる目的で土地を購入しているのか、何か企んでいるのではないか、不可解だと首をかしげざるを得ない向きもあるようです。

中国人の富裕層にはとくに、東京の銀座や古都・京都の不動産が人気で、それらを買い漁るのは日本の「永住権」を取得するためだともいわれています。

中国では、個人で土地を買うことはできず、所有することもできません。買えるのは、建物とその土地の「70年間の使用権」のみ。

自国のことを信用していない中国共産党の幹部や中国人の資産家は、世界各国に資産を分散して管理していますが、中国による人権侵害問題などで中国と欧米諸国との関係が悪化したために、すでに欧米にある中国人の個人の金融資産が凍結され始めています。

そこで、国情が安定している隣国の日本が中国人の資産のプール先として選ばれ、不動産の購入が相次いでいます。

習近平政権3期目になり、台湾有事を公然と言い放ってから、その動きは加速しています。

京都の土地や家屋も、中国人に買い漁られています。

購入者は日本への留学を経験している中国のエリート層が多く、自分の子どもや孫のために、日本の文化の中心地で、落ち着いた街並みの京都に不動産を持っておきたい、と希望するのと同時に、京都は、中国由来の建築技術を用いた建物も多く、「まるで唐の時代のようだ」とノスタルジアをかきたてられるのだといいます。

ある中国人は、90日間滞在できる観光ビザで沖縄から入国。北海道に移動し、仲介者の協力で会社を設立して会社名義で土地を購入します。そして、中国にいったん帰国し、今度は中長期在留ができる「経営・管理ビザ」で入国し、1年、3年、5年とビザを更新することで、最終的には永住権を申請するのだといいます。

日本で不動産を持っていれば、日本の永住権を得やすいというのは、不動産を買う中国人の間で半ば常識化していることのようです。

## 外国人がたやすく不動産を買えるのは日本だけ

アメリカでは、安全保障上の懸念がある買収案件などは、法律に基づき、大統領が拒否することができます。韓国も、安全保障に関する買収案件については、事前の許可申請が必要です。

ところが、日本には、外国資本の不動産売買を規制する法律やルールがありません。さらに登記も義務づけられていません。転売されれば誰が所有者なのか、把握できなくなります。

このような日本の土地の売買に関する法律は、諸外国と比べてゆるいというより、今や安全保障上、異常です。

日本の土地や不動産は、外国人でも、日本人と同様に所有権を取得することができます。

日本には、諸外国に見られる外国人向けの規制、または永住権や日本国籍の有無、ビザの種類による規制もなく、土地・建物ともに外国人の不動産所有が認められています。

しかも、所有権の期限はなく、自由に売買することができ、贈与、相続させることも可能です。不動産の購入、所有、売却時にかかる税金等も、日本人の場合と違いはありません。

この外国人に大甘な日本の土地をめぐる法案のすき間を狙って、近隣の中国は何年も前から土地購入を続けていて、気がつけば、北海道を含め日本の国土の多くの土地がすでに中国人や中国資本の手に落ちています。

では、どのような方法で外国人は日本で不動産を取得するのでしょうか。

日本での不動産の売買取引は、取引のトラブルを防止するために個人間の直接取引はほとんど行われず、通常、不動産会社が仲介に入ります。

売り物の物件情報は、英語と中国語等で不動産会社間のネットワークシステムや民間の不動産ポータルサイト等に掲載されており、どこからでも自由にインターネットで物件情報を検索することが可能です。

外国人が日本の不動産を購入する際、事前に準備すべき書類は、日本に居住しているか、いないかで異なります。

日本に在留資格があり、日本居住の外国人の場合、事前に次の5点をそろえる必要があります。
(1)住民票、(2)在留カード/特別永住者証明書、(3)印鑑(ローンを利用しない場合は不要)、(4)印鑑証明書(ローンを利用しない場合は不要)、(5)本人確認書類(運転免許証、パスポート等)
日本に在留資格がなく、日本に居住していない外国人の場合は、次の2点の書類が必要です。
(1)住所、サインの証明として宣誓供述書
宣誓供述書とは、私署証書(作成者の署名もしくは押印のある私文書)について、公証

人の前で、記載の内容が真実であることを宣誓し、証書に署名、押印し、公証人から認証を受けた証書です。

（2）本人確認書類（運転免許証、パスポート等）

このように、外国人は日本で、かくもたやすく土地を購入できます。

この事態をこのまま手をこまねいていていいわけがありません。時代は激変しています。日本政府は国土を守るための法整備を急がなくてはなりません。でないと早晩、取り返しのつかない事態に陥ることは火を見るより明らかです。

私は外交官時代、在イスラエル日本大使館に勤務し、その後も何度も仕事でイスラエルに足を運びました。イスラエル人は、私によくこんな話をします。

「私たちユダヤ人はホロコーストを経験しましたが、絶滅の危機を乗り越えました。それは、ユダヤ人がイスラエルという土地を、住む場所を見つけたからです。この土地は、私たちが命を懸けて自分たちのものにした場所です。だから、命がけで国土を守るのです」

## 日本は薬の自給率が低い国

もし、尖閣・台湾有事が現実のものになると、台湾海峡やバシー海峡が封鎖され、日本は海外からの様々な輸入物資が滞る事態になることが予測されます。そのなかで、見逃せないのは、日本人の命に直結する医薬品の原薬です。原薬とは、薬の中に含まれる有効成分のことです。

日本は、原薬の多くを海外からの輸入に依存しています。

2020年、新型コロナウイルスの感染拡大時に、各国の医薬品の関連工場が操業を停止し、供給網の寸断が生じるなどサプライチェーンが混乱したことで、日本の原薬の海外依存のリスクがより顕在化しました。

とくに後発医薬品（ジェネリック医薬品）については、国内で製造するのに用いる原薬の自給率は、2017年度時点で3割程度と限られており、大半は海外に依存しています。後発医薬品とは、先発医薬品（新薬）の特許が切れた後に販売される、先発医薬品と同じ有効成分、同じ効能・効果を持つ医薬品のことです。

後発医薬品の原薬の調達先は、韓国、中国、イタリアの順で多く、この3カ国で購入額は全体の半分以上になります。

もし後発医薬品の原薬の調達先第2位の中国と戦争を始めたら、原薬の調達に重大な支障を来します。つまり、病院で希望する薬を処方してもらえないという深刻な事態になりかねません。

政府もこの問題に手をこまねいているわけではなく、厚生労働省は原薬の海外依存のリスクを少しでも減らそうと、医薬品に特化して「医薬品安定供給支援補助金」を設置するなど、医薬品メーカーの国内製造回帰を促していますが、一朝一夕に解消することは困難な状況です。

となれば、医薬品のグローバルメーカーとの一層の関係強化とあわせ、新たに中国に代わる原薬の調達先を海外に確保する必要があります。

## 風力発電が脅《おびや》かす国の安全保障

2023年4月15日、札幌市で開かれたG7の気候・エネルギー・環境相会合では、共同声明に「洋上風力発電は2030年までに7カ国合計で1・5億キロワットに引き上げることを目標とする」ことが明記されました。

これは、21年実績の約7倍で、ロシアのウクライナ侵攻を踏まえ、脱炭素とエネルギー源の多様化の両立に連携して取り組む重要性を示すとともに、導入スピードを加速しようとするものです。

現在、日本各地でも全国で設置が進む陸上および洋上の風力発電施設は、ミサイルなどを感知する自衛隊や気象庁のレーダーの支障となり、安全保障や気象予知を脅かしているといわれます。

在日米軍でも、自衛隊と同じような影響が生じている可能性があり、国防を揺るがす深刻な懸念事項となりかねません。

風力発電の風車は、1基当たりの高さは陸上で百数十メートル、洋上で二百数十メートル。これらの風車群が、航空自衛隊の警戒管制レーダーなどに対して直接、影響を与えかねない深刻な状況にあるというのです。

日本風力発電協会によると、全国の風車の設置数は、2021年末で2574基。設置の動きは活発化していて、太陽光と比較した設備利用率の高さなどから風力発電の存在は大きくなっています。

自衛隊では現在、航空自衛隊が全国28カ所に警戒管制レーダーを設置し、領空への飛来物に24時間態勢で警戒しているほか、航空管制レーダー、気象レーダーなど用途に応じた様々なレーダーを使用しています。

ところが昨今、発電規模の大きな風力発電施設から出る電波の力がより強まったことで、レーダーの主たる探知目的である、隣国の航空機やミサイルなどからの「微弱な電波」の早期で正確な探知・捕捉・追尾が困難になり、自衛隊の部隊による対処にも深刻な影響を与え、同時に、在日米軍の運用にも、支障や障害が出ているというのです。

他国の航空機が領空侵犯する恐れがある場合、自衛隊は通常はスクランブル（軍用機の緊急発進）で対応しています。

ところが、航空機以外にも、日本を敵視する国からの弾道ミサイルや高速化・長射程化した巡航ミサイル、小型無人機など、空からの脅威が増し、かつ複雑化・多様化の一途をたどるなか、よりセンシティヴな対応が求められています。

経産省は風力発電施設の有望な区域内として青森県沖を指定していますが、防衛省は地対空ミサイルのレーダーに影響が出るとして、風力発電施設を設置しないよう求めました。

また、福岡市早良区と佐賀県神埼市との境に位置する標高1054メートルの脊振山《せふりさん》の山頂にも、航空自衛隊や米軍の警戒管制レーダーや無線通信などのレーダーサイトがあり、陸上の大型の風力発電施設がそれらの運用を阻害する恐れがあるため、今後の対応が求められます。

前述したパリ協定の目標達成のために、国際社会が掲げているのが「2050年カーボンニュートラル」です。カーボンニュートラルとは、カーボン（温室効果ガス）の排出量と吸収量を均衡させること。日本政府も国際社会の一員として、「2050年カーボンニュートラル」を目指しています。

そのために、日本も温室効果ガスを排出しない脱炭素エネルギー源で、国内で生産できる再生エネルギーの主力電源化を推進するべく、風力発電でも、風車の大型化、洋上風力発電の拡大を進めています。

しかし、大型の風力発電施設がすでにレーダーに支障を来している現状を踏まえ、防衛省によると10件以上の事業が計画の変更や調査の対象になっているとされています。

陸上の風力発電施設に対して、防衛を理由に設置を制限する法律はなく、安全保障上の「穴」となりかねない事態です。

防衛とエネルギー確保を両立させる抜本的な解決策を、早急に見つけなくてはなりません。

## 日本ではなぜ、核シェルターが普及しないのか

スイスもイスラエルも100%、ノルウェー98%、アメリカ82%、ロシア78%、イギリス67%、日本0・02%。

この数字は何を意味しているでしょう?

NPO法人「日本核シェルター協会」が2014年に調査した、世界各国の核シェルターの普及率です。

以降、調査は実施されず最近の調査データはありませんが、昨今、北朝鮮、中国、ロシアによる弾道ミサイル発射やロシアのウクライナ侵攻、中国の尖閣、台湾有事など世界情勢が不安定化するなか、差し迫った危機を感じて一般家庭向けの核シェルターへの関心が高まっています。

個人宅に設置する核シェルターの価格は、数百万円から2千万円程度ですが、かなりの

重量があるため、設置場所は自宅の庭か地下室などになります。

あるメーカーの核シェルターの場合、室内の広さは約10平方メートルで、壁の厚さは約80ミリ。壁の内部には透過する放射線を減らすため、鉛の板が入っています。

核兵器や生物化学兵器で汚染された外気を浄化する空気濾過器《ろか》やエアコン付きで、外の状況を複数のカメラで確認できます。また電源が備えつけられ、ポータブルトイレや食料を用意することで、外部と接触しなくても、濾過器のフィルターの能力により2週間程度、生活できるようになっています。

しかし日本では、「一家に一個、核シェルターを」とはいかない事情があるようです。日本で核シェルターが普及しない理由としては、戦争に対する危機感が希薄なことに加え、土地の狭さや費用、そして何より「自分たちの家族だけが助かればいいのか」という倫理観や世間体などの理由が挙げられています。

しかし、戦争犯罪人となったプーチン大統領のように、核使用を公言する大国の最高指導者がいる以上、核攻撃が100%起きないという保証はどこにもありません。そこに、核シェルターの設置についての論議が生まれる素地があると思います。

北朝鮮なり中国なりから弾道ミサイルが発射されると、日本に着弾の可能性がある場合、スマホなどにJアラート（全国瞬時警報システム）で緊急事態を知らせます。私たちは警報を聞いてから避難をするわけですが、北朝鮮から発射された弾道ミサイルが日本に着弾するまでは数分と極めて短時間です。

この弾道ミサイルに、もし核爆弾が搭載されていたら、着弾地で核爆発が起こります。核爆発で放出された放射線によって発生した火球は数百万度となって膨張し、衝撃波・爆風を発生させます。また、火球により上昇気流が発生し、キノコ雲が生成され、放射性降下物が周囲に散布されます。

では、核シェルターに避難して助かった人は、何日したら外に出られるのでしょうか。それら被爆後の世界は、未知の領域です。

核爆発が起これば、最低でも2週間は外には出られないといわれています。

日本でも核シェルターが普及し始めると、新たな問題が生まれる可能性があります。核シェルターを持つ者、持たざる者との間で格差が社会問題化し、国民を分断する事態をも招きかねません。

## 外務省の中のチャイナスクールとロシアンスクール

日本の外務省では毎年、総合職、専門職を含めて約80人の新入省員が、それぞれ専門の外国語を割り当てられます。英語が約30人、フランス語、中国語、ロシア語、スペイン語、アラビア語、ドイツ語が5〜8人です。これらも含め、専門職員には44の言語のなかから割り当てられます。

こうした外務省の語学グループのなかで、「スクール」と呼ばれ、とくに異彩を放つのは「チャイナスクール」と「ロシアンスクール」で、彼らはそれぞれ中国とロシアという大国1国のみが相手の外交官たちです。

外交官が、外国語を習う上で最も気をつけなければならないのは、専門の語学を学ぶことで相手国のことに精通するあまり、相手国のことを好きになり、のめり込んでしまうことです。

そうすると、外交官は、日本の主張や国益を体現し、代表する立場であるにもかかわらず、外交官になりたてのころから、相手国に洗脳され取り込まれることにもなりかねません。これは外交官として非常に危険です。

ロシア語、中国語、アラビア語、英語、フランス語、スペイン語は、国連公用語ですが、相手に取り込まれる可能性の高いのは、ロシア語、中国語、アラビア語の3言語で、とくに外交官として日本を代表して学ぶ場合は細心の注意が必要です。

私の専門とするアラビア語のグループは、不思議なことに外務省内では「アラビアンスクール」とは呼ばれずに、「アラビスト」と呼ばれます。

これは、要は「個人」を指すものです。

アラブ諸国がともに連携できないのと同様、外務省の総数150人程度のアラビストも立派な集団なのですが、まとまれません。皆、一匹狼ですが、アラブが大好きな傾向にあり、とくにシニア層には、イスラエル・ユダヤ憎しが植えつけられている方もいて、私も苦労しました。

かくいう私も、知らず知らずのうちにアラブの世界にどっぷりの「アラブ脳」になっていました。外交官として駆け出しのころ、私はパレスチナ・ガザにある日本政府代表事務所に勤務していましたが、在イスラエル日本大使館で、日本の外交官同士で、アラブとイスラエルの代理戦争を繰り広げ、上司と大喧嘩をしたこともあります。

ちなみに、私がアラブ脳を克服できたのは、アラブと真逆の在イスラエル日本大使館とその後の在アメリカ日本大使館での勤務体験が大きな役割を果たしたのだと思います。

外務省のロシアンスクールについては、未《いま》だに冷戦思考から、反米意識が植えつけられる傾向があり、古い世代ほど、ロシアべったり、ロシア一辺倒になりがちです。

ワシントンでの赴任《ふにん》の経験がなく、またアメリカの外交官との議論の経験がない外交官は、よりロシア純粋培養の危険にさらされ、ひいては陰謀論信者の育成につながるのです。

概して、古い世代の外交官ほど、洗脳されており、しかしそのことに本人は気づいていません。

チャイナスクールについても、「チャイナサービス!」つまり「中国大好き人間」とも揶揄《やゆ》されることもあり、「アラブ大好き人間」に負けず劣らずです。

かつて、台湾の政治指導者であった李登輝氏は、晩年のインタビューの中で、「日本の国会議員や外務省の官僚、あるいはマスコミにもチャイナスクールのような人たちがいる。なぜ日本人のなかに、これほどまでに中国におもねる人が多いのだろうか。おそらくあの戦争で、日本が中国に対して迷惑を掛けたことを償わなければいけないという、一種の贖《しょく》罪《ざい》の意識が座標軸にあるのではないか」と述べています。

チャイナスクールに対して批判的な立場をとる論者は、彼らが中国政府の代弁者として機能し、日本の国益を損ねているなどと主張しています。靖国問題、教科書問題、歴史認識問題、尖閣諸島問題など日中関係の諸問題について、日本側の一部議員やチャイナスクール外交官たちの姿勢に原因があるとしています。

一般人であれば問題ありませんが、外交官は、相手国に高い興味関心を持っても、「愛する」ことは決して許されません。

もちろん、こういう中国語専門の外交官のおかげで、今の日中関係は成り立っています。とはいえ、中国で勤務する外交官はハニートラップも含めて、プライベートの秘密をがっちり中国に握られるリスクが絶えずあり、中国やロシアなど覇権主義の大国で外交官として活動するのは決して容易な任務ではありません。

台湾には、この中国語専門の外交官のなかから、日本台湾交流協会にローテーションで派遣されます。その場合、外務省をいったん退職し、また次のポストでは外務省に復職します。

外務省では、中国・モンゴル第一課で台湾の政治、政策面を、中国・モンゴル第二課で台湾の経済面を扱っています。

ところで中国語専門の外交官のなかで、「僕は中国本土」「私は台湾」と完全に色分けされている話は私は聞いたことがありません。個々の外交官の希望はあるものの、そこは「一つの中国」なのでしょう。

## ゼレンスキーの北方領土奪還発言

ウクライナ侵攻から約1カ月後の2022年3月21日、日本が欧米諸国と歩調を合わせて対露制裁に踏み切ったことを受け、ロシアは北方領土問題を含む日本との平和条約締結交渉を凍結するとの声明を出しました。

さらに、北方領土の元島民の墓参などを目的としたビザなし交流の停止、北方領土での共同経済活動に関する協議からの撤退も表明した上で、「すべての責任は、反ロシア的な行動をとることを選択した日本側にある」と主張しています。

そんな日露関係に意外なニュースが飛び込んできました。7カ月後の2022年10月7日、ウクライナ議会は、北方領土について「ロシアによって占領された日本の領土」と認める決議を採択しました。

「北方領土に関する日本の立場を支持する」と宣言し、「北方領土が日本に帰属するという法的地位を定めるため、あらゆる手段を講じるべきだ」として、国連やヨーロッパ議会などの国際機関も一貫した支援と行動をとるよう訴えました。

ゼレンスキー大統領は、公開した動画でこの決議に触れ、「ウクライナはロシアの占領下にある北方領土を含め、日本の主権と領土の一体性を尊重する。ロシアは北方領土に対し、何の権利もない。ロシアが占領し続けている土地をすべて日本政府は奪還しなければならない。世界の誰もがそう理解している」と北方領土交渉で日本の立場を支持するよう国際社会に訴えました。

その上で、同じ趣旨の大統領令に署名し、ウクライナ最高会議（議会）も同様の声明を出したことを明らかにしました。

ゼレンスキー氏のこの発言に対して当時、日本国内では一部、「日本に援軍！」と歓喜の声が沸き起こりました。

しかし、この反応の仕方は間違っています。

このゼレンスキー氏の発言に対し、日本国民は〝喝采〟を送るのではなく、発言を冷静に受け止め、「ありがた迷惑」とウクライナ政府に抗議をしなくてはなりません。

日本政府の反応はというと、多くの国々から理解、支持が得られることは有意義なことだ、とウクライナに謝意を示すわけでも、ウクライナと共闘する姿勢を示すわけでもなく、曖昧《あいまい》なものでした。

ゼレンスキー氏の発言の真意は、クリミア半島に続きウクライナ東・南部4州が一方的にロシアに併合されたことを受け、日本との結束を呼びかけることで、ロシアに対する国際的な非難を強めることです。ウクライナが投げてきた、表面上は日本には〝援軍〟のように見えるボールは、外交の巧みなゼレンスキー氏ゆえの発言であるともいえます。

ゼレンスキー氏が、領土を奪われた国同士の連帯を図ろうと日本を真に応援するつもりなら、日本側の了解を得た上で、単なる言葉での応援ではなく、ウクライナで併合された領土と合わせて北方領土の返還も同時に自らプーチン大統領と交渉すべきです。非現実的と思われるかもしれませんが、そこまで行うのが本来の外交の要諦《ようてい》なのです。

それができないならば、ゼレンスキー氏の発言は、日本が北方領土返還を求めて交渉中のロシアをただ刺激し不愉快にさせるだけで、逆効果でしかありません。

日本政府は、ウクライナに当然、抗議をしていると思いますが、もし抗議をしていないとすれば、怠慢であり、ここは、外務省のロシアンスクールの腕の見せ所だと思います。

領土問題は、第三者が介入しても解決することはできない、「当事者間でしか解決できない」というのが、国際社会の常識であり、また、領土紛争が絶えない中東では暗黙のルールなのです。

## 領土は国民が命を守り、生き抜く基盤

私には、外交官として忘れられない経験があります。

最初の赴任地だったパレスチナのガザで、アラファト議長と日本の首脳や要人との間で同時通訳を幾度も務めたことです。アラファト氏は、パレスチナの初代大統領で、パレスチナ解放機構（ＰＬＯ）の執行委員会議長を務め、イスラエルからの領土奪還のために闘った政治家であり、戦士でした。

そのアラファト氏が、ある日「立場の弱いパレスチナが、強者のイスラエルとの直接交渉で、領土を現に占有しているイスラエルから領土を奪い返すのは難しい」と思わず本音をもらす場面がありました。

そして、「最後は仲介者たるアメリカを頼らざるを得ないのだ」と。

2000年、アメリカのクリントン元大統領は、中東和平を実現すべく大統領専用の山荘キャンプ・デービッドでサミットを開催し、このイスラエル・パレスチナ問題に終止符を打とうとして力を傾注しました。

しかし、アメリカといえど領土のからむイスラエル・パレスチナ問題の解決は、いかんともしがたいものでした。

2008年から2011年までワシントンの日本大使館に勤務した私は、当時中東の和平交渉を最前線で仕切っていたアメリカのデニス・ロス交渉官と差しで話す機会を得ました。そこで、長年、疑問に思っていたイスラエル・パレスチナ問題について、アメリカの立場を問いました。

ロス氏の回答は、私には意外なものでした。

「領土問題は、当事者間でしか解決できない」というもので、「いくらアメリカが折衷案《せっちゅう》を提示しても、それを呑《の》むか呑まないかは、最後は両国の政治指導者の人生を賭《と》した決断である。中東では、その決断は時として命を落とすことにつながるからだ」と。

実際、1993年、オスロ合意に調印し、パレスチナに領土を譲ったイスラエルのラビン首相は2年後の1995年に暗殺されました。

一方、アラファト氏は、オスロ合意によって、イスラエルとの歴史的な和平協定を果たし、パレスチナ自治政府を設立。これによってラビン氏とペレス外相とともに1994年、ノーベル平和賞を受賞しました。

それまで和平を主導していたラビン氏が暗殺されてからは、イスラエルとパレスチナとの和平プロセスは停滞し、アラファト氏は晩年までイスラエルとの対立やパレスチナの内紛に苦しめられました。結局、最後までエルサレムを譲るという決断ができず、領土問題は未解決のまま、2004年にアラファト氏はこの世を去りました。

日本にも、〝領土問題〟は山積しています。

ロシアに不法占拠されている北方領土、韓国に不法占拠されている竹島、中国が領海侵犯を繰り返す尖閣諸島など、事を荒立てることを避ける日和見《ひよりみ》主義の平和主義外交を続けていては、いつまでたっても国土を護《まも》ることも、取り返すこともできません。

領土問題を曖昧《あいまい》にして平和主義外交を続けるのは、リスクが大きく、そこが戦争の着火点となる恐れがあります。

日本人は、自国の領土を防衛するという意識が低く、このままの状態では周辺国の脅威に打ち勝つことができません。

領土は「力」の源泉。

国民が命を守り、生き抜く「基盤」です。

だからこそ、イスラエル建国があり、それに抗うパレスチナの闘争があり、ゴラン高原を取られたシリアの今がある。

中東では、「領土は人の命」そのものです。

領土はいつでも失われる可能性があり、人命もまたいつでも失われるおそれがあります。

それが中東の常識であり、国際社会の常識です。それを理解しないのは日本の非常識です。

## サハリン2からわずか3日で届くLNG

ロシアの軍事侵攻が始まった2022年2月24日以降、日本も米欧と足並みをそろえ、対ロシア経済制裁、ウクライナ支援、ウクライナ避難民の受け入れと、一連の対応メニューを進めてきました。

しかし、戦争が長期化するにつれ、深刻化するのはエネルギー問題です。

EU（欧州連合）はロシアからの石油、天然ガスが喉から手が出るほど欲しいにもかかわらず、その供給を断ってまでも民主主義の正義を貫くことで、力で他国の領土を奪い取ろうとするこの国に対して、「その行為は許されない」と徹底して抗議の声をあげています。

それなのに日本は、極東での石油・ガス開発事業「サハリン2」の権益を、なぜ手放さず、維持しようとするのでしょうか？

サハリン2は、ロシア企業に加えて日本企業も出資する石油とガスの複合開発事業です。ロシアのサハリン州北部の油田で生産される原油は日量15万バレル（1バレルは約159リットル）で、日本の石油の消費量の約30日分に相当します。

サハリン2はまた、ガス田より産出する天然ガスの液化も行っており、生産するLNG（液化天然ガス）の約6割を日本向けに供給しています。

ロシアのウクライナ侵攻が始まって以降、石油メジャーと呼ばれるイギリスの石油会社BP、イギリスとオランダの石油大手シェル、アメリカの石油メジャー最大手エクソンモービルが、サハリンから相次いで撤退しました。

欧米の石油メジャーに同調してロシアから撤退すべきか、否か。難しい選択を迫られるなかで、日本は撤退でなく、維持を選択しました。

サハリン2は、北海道のすぐ北（極東）に位置し、LNGはわずか3日で日本に届くことから、エネルギー安全保障上の意義が大きいからです。

中東からなら輸送航路で通常で3週間かかります。サハリン2なら格段に距離が近く、輸送コストが低く抑えられ、加えて、中東のホルムズ海峡のように危険な海域を通る必要もないと、いいことずくめなのです。

日本がロシアから調達するLNGは全体の10％にも満たない量ですが、このままウクライナ戦争が長期化すれば、サハリン2からの供給が途絶えるおそれがあり、その場合、日本は随時契約の市場でLNGを調達しなければならなくなります。そうなると、世界中でLNGの争奪戦が発生しているなか、日本もまた必要な量が確保できない可能性がありまず。

もし日本が、サハリン2の権益を手放せば、「待ってました」とばかりに、中国が手を伸ばす可能性があります。現在の中露関係を見ると、間違いなくそういう事態になる。そうなってからでは遅いのです。

1970年代、日本は2度のオイルショックを受け、それ以降、石油や天然ガスの調達先を多様化するため、中東に加えロシアでも資源開発を進めてきました。

ウクライナ戦争において、欧米と歩調を合わせてロシアへの制裁を続けること、民主主義の正義を貫くことも大事ですが、同時に日本の存亡がかかるエネルギーの命綱まで簡単に手放していいわけはありません。

食うか食われるか、まさに国際社会において、日本はこれまで以上にしたたかな外交が求められます。

# 第4章

# プーチンは核を使えるのか

## もし日米同盟が廃棄されたら日本もウクライナのようになるのか

日本とアメリカは日米安全保障条約（日米安保条約）を締結し、軍事同盟を結んでいます。日米安保条約は、日本への攻撃はアメリカへの攻撃とみなし、米軍が日本防衛のために共同で敵と戦うという枠組み。日本を侵略しようとする国は、アメリカとの戦争を覚悟しなければなりません。

その条約を遂行するために、北海道から沖縄まで、全国各地に130カ所の米軍基地が置かれていて（純粋な米軍専用基地は81カ所で、他は自衛隊と共用）、一国内における米軍基地の数と規模としては、世界最大です。

「米軍に基地のための土地を無償で提供しているから、日本有事のときは、米軍がともに戦ってくれるし、基地のある日本を米軍が見捨てるわけがない」

もし、あなたがそう思っているなら、そして、日米同盟が盤石で未来永劫《えいごう》続くと信じ切っているなら、日米安保条約第10条を読むと驚くかもしれません。

「日米いずれか一方の意思により、1年間の予告で廃棄できる」

と記してあるからです。

国同士の関係も、人間関係と同じで、双方の信頼と努力が必要で、双方どちらかの信用や信頼を失ったら、日米同盟といえども破綻する仕組みです。

2019年6月26日、トランプ前大統領はG20大阪サミットの前のインタビューで、「日本が攻撃されれば、アメリカは第3次世界大戦に参戦し、アメリカ国民の命をかけて日本を守る。いかなる犠牲をはらってもわれわれは戦う。だが、アメリカが攻撃されても、日本はわれわれを助ける必要がない。ソニー製のテレビで見るだけだ」と述べました。

日本は憲法上、集団的自衛権つまり他国のために戦うことを自ら禁じているので、アメリカが攻撃を受けたとき、日本はアメリカのために戦えない。「片務的な同盟関係」といわれるゆえんです。

強固な日米同盟にも、もろさと落とし穴があるのです。

第5条には、アメリカの日本に対する防衛義務を定めており、日米安保条約の中核的な規定です。

この条文は、「日本国の施政の下にある領域における、いずれか一方に対する武力攻撃」に対し、「平和及び安全を危《あや》うくする共通の危険に対処するよう行動する」と規定しています。

ここで、重要な点は、「日本国の施政の下にある領域」と記されている点です。尖閣諸島はわが国固有の領土ですが、領海内に中国の海警局の艦船が頻繁に侵入を繰り返しています。事態がこれ以上常態化すると、「尖閣諸島は本当に日本の施政の下にあるのか」が国際的に問われかねません。

尖閣諸島は日本の領土である、と常に国際的にアピールすることが重要です。対する中国は、日本の主権を無視し「釣魚島群島（中国が使用している尖閣諸島の名称）は中国の領土である」と世界に向けて発信を続けています。

中国が尖閣諸島を自国の領土と宣言するのは、彼らなりの理由があるようです。

1992年、中国は「領海法」を制定して、尖閣諸島や台湾を含む7つの島々を一方的に自国領土として宣言し、2012年に「海洋強国」宣言を行いました。

この時点で、すでに中国は一方的に、日本の固有の領土・尖閣諸島を中国国内の領土に編入しているのです。

そして、中国は2009年、尖閣諸島も対象とする「島嶼《とうしょ》保護法」を制定。

人民解放軍の兵士たちは「釣魚島群島を日本が不法占拠している」と信じ込んでいて、

尖閣諸島を奪取するのは、兵士たちにとって当然の行為なのです。

台湾、日本有事で、中国軍が台湾とともに尖閣諸島を奪取しようと迫ってきたとき、海洋での日中間の戦闘が現実のものとなる可能性があります。

これこそが日本にとっての最大の危機で、日本政府は戦後初めて、戦死者を出す覚悟をもって、自衛隊に防衛出動を下令《かれい》する事態となります。

そうならないためにも、政府は、領海に侵入した中国の海警局の艦船を追い払うことに加え、沖縄県石垣市が製作した「石垣市字登野城尖閣」と刻印した尖閣諸島の標柱を、魚釣島など5島に設置しなくてはなりません。また、自国の領土であることを示すためには、何より公務員を島に常駐させることが必要です。

しかし、それができない日本は、総理大臣が新しく就任するたびに毎回、「尖閣諸島は日本の施政の下にある領域」である旨をアメリカの大統領に直接伝えて、米軍の尖閣諸島防衛を約束させなくてはならないのです。

まるで、アメリカの属国であるかのように、アメリカの大統領から「尖閣諸島は有事の際、米軍が守る」とのお墨付きをもらって初めて、日本国の総理大臣として承認されたかのごとく、その後の記者会見で嬉々としてその承認された旨を述べ、日本国民を〝安心〟

させるというセレモニーが毎回繰り返されます。その様子は、悲哀を通り越して、屈辱的ですらあります。

中国は、国連の重要な人事に自国民を送り込み、またアフリカや中東等のグローバルサウスの国々に長年、高額の援助や投資を続けています。それらの国々の賛同も受けて、尖閣諸島のことを中国の領土であると主張するなら国際的に承認される可能性さえあるのです。

今は迫り来る有事に鳴りを潜めていますが、台湾もまた、尖閣諸島の領有権を主張しています。

このまま事態を放っておくと、中国も台湾も領有権を主張している尖閣諸島は、三つどもえのきな臭い戦場となる恐れさえあるのです。中国の海警局の艦船を尖閣諸島の領海から遠ざけ、日本の領有権をしっかりと確保すべきです。それを今、行わずにこの機会を逃すと尖閣諸島はやがて中国の手に落ちて、ロシアに不法占拠された北方領土や、韓国が不法占拠で実効支配を続ける竹島のようになるのは火を見るより明らかです。

中国に占拠されたら最後、南シナ海に国際法を無視して巨大な人工島を建設したように、尖閣諸島もまた、軍事要塞化される恐れがあります。

尖閣諸島が軍事要塞化されると、沖縄の米軍基地は中国の弾道ミサイルの射程距離内となり、軍事バランスが崩れ、米軍は撤退を余儀なくされる恐れがあるのです。米軍が撤退すると、日本を侵略するために中国の魔の手が沖縄に伸びてくることは十分予測されます。日本が、沖縄などの土地を米軍が基地として使用するために提供しているのは、「アメリカは日本を防衛する義務を負い、日本はそのためにアメリカに施設・区域を提供する義務を負う」という、日米安保条約第6条によるものです。

また、日米安保条約は、日本は米軍が、日本のみならず、「極東地域の平和と安全を維持するために日本国内の施設・区域を使用すること」も認めています。

今後も、日本を敵視する国からの侵攻に対する抑止力として、日米安保条約の機能が有効に保持されていくためには、わが国が米軍の駐留を認め、米軍が使用する施設・区域を必要に応じて提供できる体制を常に確保しておく必要があります。

そして、先述の日米安保条約第10条は、「日米いずれか一方の意思により、1年間の予告で廃棄できる」旨を規定しており、そのような意思表示がない限り条約は存続する、いわゆる「自動延長」の方式です。

本条に基づき、日米安保条約は自動的に延長されて、今日に至っています。

現段階で、日本が有事の際、日米同盟以上に軍事支援を約束している国はありません。

ＡＵＫＵＳ（オーカス）は、２０２１年9月15日に発足が発表された、オーストラリア（ＡＵ）、イギリス（ＵＫ）、およびアメリカ合衆国（ＵＳ）の３国間の軍事同盟ですが、日本は参加していません。

自由や民主主義、法の支配といった基本的価値を共有するＱＵＡＤ（クアッド）は、２００６年安倍晋三元総理が提唱した日本、アメリカ合衆国、オーストラリア、インドの４カ国で安全保障や経済について協議する枠組みですが、これは軍事同盟とはまた異なります。

日本の防衛は結局、日米同盟のみでアメリカ頼みなのです。

中露は日本以上の防衛力を有していますが、日本には日米同盟があるので、攻め込むことができずにいます。将来、何らかの事情で日米同盟が万一、廃棄される事態になったら、そのときは即座に中露のいずれかが、あるいは両方が日本に攻め入ることが予測されます。それが国際社会のリアリティなのです。

１９９２年、フィリピンは米軍基地を撤退させました。すると、その３年後の１９９５年、中国はフィリピンのＥＥＺ（排他的経済水域）内にある南沙（スプラトリー）諸島のミスチーフ環礁を違法に占拠。「中国漁民のための避難施設」と称して勝手に建造し、巨大軍事要塞化を実現し、現在に至っています。尖閣諸島もその二の舞とならない保証はありません。

東アジアの安全保障環境が脅かされるなか、日本の防衛力の強化とともに、アメリカの存在と軍事力はますます重要になってきています。

## 日本の常任理事国入りを阻《はば》むロシアと中国の壁

ロシアによるウクライナ侵攻が始まって以来、国連の安全保障理事会（安保理）ではロシアを常任理事国から外し、新たに常任理事国を追加すべきとの議論が高まっています。日本もこれまで常任理事国入りを目指してきましたが、その壁は高く、未《いま》だ実現には至っていません。

日本が常任理事国になるのがいかに難しいか。

新たに常任理事国を増やすには、国連憲章の改正を国連総会で付議しなくてはならず、そのためには一定数の共同提案国が必要です。

2004年、ブラジル、ドイツ、インド、日本の4カ国は連携し、常任理事国に入るために各国に精力的な働きかけを行いました。

欧州では、ドイツのためにフランスをはじめとして11の国が共同提案国となりました。日本も、アジア地域で、共同提案国の獲得を目指して各国に要請を行いましたが、日本のために名乗りをあげてくれたのは、アフガニスタン、ブータン、モルディブの日本から地理的に離れた3カ国だけでした。

翌2005年、4カ国を常任理事国にするための提案は、採決にこぎつける前に廃案となりました。

日本の共同提案国の少なさも廃案となる大きな要因でした。

なぜ、アジアの他の国々が、日本の常任理事国入りに手をあげてくれなかったのでしょうか。

過去の侵略を、未だに反省していない日本を常任理事国にすべきでない、と中国がアジアで猛烈な反対キャンペーンを行ったことが大きく影響を及ぼしました。

東南アジアの日本の友好国までもが、中国の主張を受け入れてしまったのです。

では、同盟国のアメリカは、日本が常任理事国となることを望んでいるのでしょうか？

2021年、外務省が発表した「米国における対日世論調査」によると、「日本の国連安保理における常任理事国入り」に賛成したアメリカの有識者は79％と、これまでの調査と比べて、日本の常任理事国入りを望む声が増えています。

安保理は、第2次世界大戦後、戦勝国のアメリカ、ロシア（かつてはソ連）、イギリス、フランス、中国（かつては中華民国）によって構成される常任理事国5カ国と、2年ごとに改選される非常任理事国10カ国で構成されています。

日本は、2023年1月、安保理の非常任理事国に選出され、2年間の任期を務めています。1956年の国連加盟以来、12回目の非常任理事国入りであり、国連加盟国の中で最多です。

この好機を見逃さず、今度こそ日本は、常任理事国入りを実現させなくてはなりません。そのためには、常任理事国5カ国にはできない、丁寧できめ細やか、かつ、世界のあらゆる現場を這うような外交で、一つでも多くの国を日本シンパにする必要があります。

しかし、日本が常任理事国に入るためには、いくつかの壁が立ち塞《ふさ》がっています。

「かつて日本はファシズム国家だったから」

との理由で中国と韓国は日本の常任理事国入りに反対しています。採決となっても、常任理事国である中国やロシアが拒否権を行使することは確実です。

2022年5月23日、日米首脳会談でバイデン大統領は、「日本が国連安保理の常任理事国になることを支持する」と表明しました。「国連安保理が改革される際」という前提条件付きとはいえ、同盟国であり国連全体でも強い存在感を示すアメリカの支持は、日本にとって頼もしい援軍です。

また、日本の常任理事国への道を阻む壁は国内にもあります。

最大の壁は、日本国憲法です。PKO（国際連合平和維持活動）の際、集団的自衛権の武力行使を第9条が禁じているからです。

それでも、2002年から2004年まで約2年半にわたり実施した、東ティモールでの自衛隊のPKOの際は、日本政府は〝抜け道〟を用意しました。

自衛隊が国連のPKOに参加する場合、紛争当事者の間で「停戦合意」が成立していることが前提で、武器使用は自衛隊員の生命等の防護のために「必要最小限」のものに限られます。その上で停戦合意が破られた場合は、自衛隊は業務を中断、撤収することができる等の前提を設けています。そうすることで、憲法に違反することなく自衛隊はPKOに参加できたというわけです。

絶対的安全地帯で、PKO活動を行う国は日本だけ。

他国の軍隊は、そのような前提は一切設けておらず、「自衛隊のPKO活動は偽善ではないのか」と、参加国から非難や顰蹙《ひんしゅく》の声があがりました。

もし、日本が常任理事国となれば、「戦闘が行われている地域」で、自衛隊自ら安保理のリーダーとして活動し、他国に指示をしなくてはなりません。

「日本は憲法9条の縛りがあるので、銃弾やミサイルが100％飛んでこない地域で活動します。銃弾やミサイルが飛んでくる戦場での活動はできません。不十分な分は資金で〝補完〟しますから」

などという日本の理屈が、国際社会で通じるわけもありません。

それどころか、自国にできない戦場での行動を他国に押しつけることになり、不公平のそしりは免れません。

さらに、国連加盟から67年を経た今も、国連憲章の旧敵国に関する条項、いわゆる「旧敵国条項」に日本の国名が記載されていることも、常任理事国入りを阻む大きな障壁となっています。

旧敵国条項とは、第2次世界大戦で連合国の敵に回った国（つまり第2次世界大戦で敗れた日本、ドイツ、イタリア、ブルガリア、ハンガリー、ルーマニア、フィンランドの7カ国）が他国への侵略行動等を行った場合、他の国連加盟国は安保理の許可がなくともこれらの国に対して軍事制裁を科すことができるというものです。

国連加盟国の中で、アメリカ、中国に次ぎ第3位の分担金を負担している日本が、このまま旧敵国条項に記載されていていいわけがありません。

しかし、旧敵国条項から「日本」の国名を削除するためには、国連のなかで日本を支持する国の賛成票が必要です。

国連の採決は、国の大小にかかわらず一国一票です。

日本の味方になってくれる国は何カ国あるのか。

残念ながら、国連で、日本を支持する国はまだ少ないのが現状です。

これまで、日本の外交は、G7をはじめとする先進国中心主義で、ロシアや中国のように、グローバルサウスの国々との外交に重きを置いてきませんでした。それが、国連での採決の際、日本を支持する国の少なさにもつながっています。

1995年の第50回国連総会で、旧敵国条項の改正・削除についての採択が行われました。賛成155、反対0、棄権3で、日本政府にとって懸案であった同条項の削除が採択されました。

しかし、この採択が現実のものになるためには、最終的には安保理において、中国とロシアを含む安保理常任理事国5カ国すべてが賛成した上で、加盟国3分の2以上が批准しなくては発効となりません。

国連憲章の改正も含め、国連での活動を地道に行うとともに、世界の隅々まで外交の裾野を広げることが、旧敵国条項から日本を削除し、ひいては日本の安保理常任理事国入りを果たすために欠かせない道のりといえそうです。

## 外交官の国外追放――ペルソナ・ノン・グラータ

ロシアの一方的なウクライナ侵攻に対して、日本は欧米とともにロシアへの制裁を行いましたが、この制裁への対抗措置として、ロシアの治安機関連邦保安局（FSB）は2022年9月22日、ロシア極東の在ウラジオストク日本総領事館に勤務する日本の領事を一時拘束。容疑は、「機密情報を違法に入手した」というものでした。

FSBは、領事に目隠しをし、両手および頭を押さえつけ、身動きが取れない状態で連行し、様々な威圧的な取り調べを行いました。これは明らかに、国家の独立性や、外交官の任務遂行の保護などを目的に、外交官やその家族らが派遣先の国内法に違反しても逮捕されることを免除されるという、ウィーン条約および日ソ領事条約の重大な違反です。

日本政府も対抗措置として、在札幌ロシア総領事館の領事1人に対し、外交上の「ペルソナ・ノン・グラータ」を通告し、国外退去を命じました。

ペルソナ・ノン・グラータとは、ラテン語で、「好ましからざる人物」「歓迎されざる人物」の意味で、ウィーン条約で、外交官の受け入れ滞在を拒否することができる、外交的に相当重い措置です。逆は、ペルソナ・グラータで、受け入れ可能な外交官のことです。

外交関係では、このウィーン条約によって、外交官を受け入れている国はいつでも理由を示さないで、派遣国に対して特定の外交官がペルソナ・ノン・グラータであることを通告することができます。この通告を受けた派遣国は、その者を召還するか、その者の任務を終了させなければなりません。

ペルソナ・ノン・グラータの意思表示は、任務地の領域に入る前からいつでも可能で、外交官以外の職員および領事についても適用されます。

実際に拒否をする理由としては、派遣国の外交官が受け入れ国に対して、言論や行動で敵意を示す場合および罪を犯した場合などが考えられます。

わかりやすくいうと、ペルソナ・ノン・グラータは、「あなたはわが国に駐在する外交官に相応《ふさわ》しくないので本国へお帰り下さい」と正式に通告することで発動されるものです。もしくは外交官は受け入れ国において外交特権を持っているものの、ペルソナ・ノン・グラータを宣告されるとその外交特権は剝奪されます。

外交官は、自らの命を賭《と》した仕事です。

国を代表し、時には「人質」にもなります。このペルソナ・ノン・グラータはその一例です。

私自身、外交官の時代は、異国の地で公私をこえて過酷な任務が続いたと思います。

外交官の赴任《ふにん》先は、日本の友好国ばかりではありません。

イラク戦争後のイラクは、毎日が空襲警報。パレスチナでは民衆蜂起の最前線、「アラブの春」後のエジプトでは、首都カイロの真ん中で激しく銃声が鳴り響きました。

こういう有事の際の命がけの任務もありますが、平時であっても外交官は赴任国では、何があっても不思議ではありません。

だからといって、友好国でないからと外交官を送らないということは、その国と国交を持たないことを意味します。資源を持たない日本は、一国でも多くの国を日本の友好国にすることが、世界で生き残る道なのであり、外交官を送らないという選択肢はありません。自国の使命を担い、危険を顧みず、最前線で任務を遂行するのが外交官、領事官であり、ペルソナ・ノン・グラータとなることを恐れていては、日本の国益、日本人の生活は守れません。

## ロシアに狙われた専守防衛の残酷と罪

「専守防衛に勝利はない」

ウクライナ戦争が起きて間もなく、BSの番組で元自衛艦隊司令官が繰り返しつぶやいた言葉です。ズシリと胸に響きました。日本もウクライナ同様、専守防衛を防衛の基幹に置いているからです。

理由を問われて元司令官は、「一方的に他国に攻め入られる専守防衛は、常に自国が戦場となるから、真の勝利なんてあり得ないんです」と冷徹に言い放ちました。

つまり、専守防衛を掲げる国は、たとえ勝利しても、自国の領土は焦土と化し、荒廃し、無辜《むこ》の多くの国民の命が奪われます。それは、真の勝利ではないと元司令官は言外ににおわせ、それはウクライナだけでなく日本の問題でもあると私たちに伝えていたのです。

狙って攻め入る国が核保有国で、狙われて攻め入られる国が核を保有しない専守防衛の国であるなら、核を保有せず専守防衛に徹する国は、いかにして戦争に勝利し、平和の道を歩めばいいのでしょうか。

ソ連崩壊の前年の1990年7月16日、ウクライナ最高議会は、「受け入れない、作らない、手に入れない」の非核三原則を採択し、ウクライナ領内に置かれた核兵器の廃絶を宣言しました。

旧ソ連時代、ウクライナには戦略ロケット軍があり、東部の工業都市ドニプロではアメリカの東海岸を攻撃するための、当時世界最高水準の核ミサイルが製造されていました。ドニプロには、北東部ハルキウ、南東部マリウポリなどから戦火を逃れて、現在、多くの避難民が押し寄せています。

ソ連崩壊後、大量の核兵器が残され、世界第3位の核保有国になったウクライナは、1994年12月5日、アメリカ、イギリス、ロシアの核保有3カ国とともにブダペスト覚書に署名。内容は、ウクライナ・ベラルーシ・カザフスタンが核兵器不拡散条約（NPT）

に加盟し、核を放棄することを条件に、アメリカ、イギリス、ロシアがこの3カ国の安全を保障するというものでした。

ウクライナの核兵器はソ連国防省が設計・製造したものです。ウクライナには専門の技術者や研究者がいないため、単独で核兵器を扱ったことがありませんでした。それまでは、ソ連の一部だったからこそ保有できたわけですが、今後、自力で核兵器を保有し続けるのは技術的にも経済的にも不可能と判断。また、当時、ウクライナはロシアにガス代の巨額の借金があり、核兵器（とくに、核弾頭に含まれるウラン）をロシアに売ることで返済し、その後、ロシアとの間で債務の問題が生じることを事前に防いだのです。

また、ウクライナには、ＥＵ（欧州連合）やＮＡＴＯ（北大西洋条約機構）加盟国に、民主主義国の一員として認められたいという願望があり、専守防衛の道を歩み始めるために１９９６年5月31日、ウクライナからすべての核兵器が取り除かれました。

ウクライナが軍事力の必要性を強く感じたのは２０１４年、ロシアにクリミア半島を強奪、併合されて以降で、軍事力構築に舵を切ったのは、ゼレンスキー政権になった２０１９年からでした。

そして、ロシアに攻め入られている今も、ウクライナは多大な犠牲者を出しながら、今なお専守防衛を続けています。

専守防衛は、日本にとっても防衛の根幹をなすものですが、それは、日本国憲法第9条の精神にのっとったあまりに受け身な防衛戦略です。

第9条の精神は、非戦で、専守防衛に徹するというものですが、実際には中国、北朝鮮、ロシアのような日本を敵視している国が存在し、攻め込まれれば戦争になります。

専守防衛とは、相手国（敵国）から武力攻撃を受けて、自国の領土なり国民の命を犠牲にして初めて武力行使が可能になるという、歪《いびつ》で罪深い防衛体制であり、真の防衛力とはいえません。

民主主義国家の防衛力とは、一人の国民の命も犠牲にしない、という理想を掲げて初めて成立するものです。

しかも、日本国憲法には、攻撃力は「自衛のために必要最小限のものに限る」と記されており、国家の防衛体制としては論理が破綻しているのではと首をかしげたくなります。

台湾や日本に攻め入ろうと虎視眈々と狙っている国は、アメリカに次ぐ軍事大国なのです。にもかかわらず、必要最小限の攻撃力でどうやって国民の命や国土を守ることができるのでしょうか。あまりに非現実的な戦略といわざるを得ません。

冷戦期の「平和な時代」ならともかく、とっくに冷戦は終わり、世界の秩序が壊れ始めている今、国民の生命をないがしろにしていると言われてもしかたのない専守防衛で、本当に日本という国を護《まも》れるのか、国民をあげて論議すべきときを迎えていると思います。

ロシアに侵攻されてもなお、専守防衛を続けるウクライナ。戦場は常にウクライナで、自国の領土から一歩も出ることがなく、欧米から武器供与を受けているとはいえ、焦土化する国土、日々増える市民の犠牲者、これら痛ましい現実はまさしく「専守防衛」の限界を示しています。

最小限の防衛力しか保有しないことが、どれほど大きな犠牲を伴うものなのか。ウクライナの惨劇から日本は学ばなくてはなりません。核を持たず、専守防衛に徹さざるを得ないウクライナは、明日の台湾、日本の姿です。

真の意味での専守防衛とは、相手の善意に期待する受け身の消極的発想ではなく、敵視する国の最高指導者に「侵略の意思を放棄させるだけの軍事能力と国家意志」を見せつけることのできる、実効性のある抑止力を持つことに尽きます。

## 中国に領土や領海を奪われ、呑み込まれていく危機

世界には今、自由と民主主義を標榜《ひょうぼう》する国家と、国際法のルールの遵守も世界秩序の維持も端《はな》から関心がなく、ひたすら自国の領土拡大に向かって突き進む強権の専制主義・覇権主義の2つの国家群があります。

民主主義国家は、専制主義国家に睨《にら》まれたら最後、隷属か、呑み込まれまいと毅然《きぜん》と対峙《たいじ》するか、選択する道は、その2つしかありません。

実際、これは民主主義国家の例ではありませんが、ウクライナのようにかつてはソ連に属し、ソ連の崩壊によって独立国への道を歩むベラルーシは今再び、ロシアに呑み込まれ、隷属への道を歩もうとしています。

プーチン大統領は、2023年3月31日、ロシアの隣国で独立国家共同体（CIS）の加盟国であるベラルーシに、戦術核兵器を配備すると表明。ベラルーシのルカシェンコ大統領も配備の受け入れを発表しました。

ロシアがベラルーシに核を配備するのは、核を使うにしろ、使わないにしろ、ベラルー

シがウクライナの首都キーウに近いことから、ウクライナに「核の圧力」をかけることで、一気に戦況を巻き返し、有利に運ぼうとの魂胆です。

そうなると、ベラルーシはロシアに加勢したとして米欧のみならず、世界から非難を浴び、孤立することは間違いありません。

核を保有する専制主義の軍事国家と毅然と対峙するには、日本がこれまで北朝鮮に対して行ってきたように断交するか、中国のように交易や人的交流を続けながら生き残りの道を模索するか。

日本の取るべき道は、後者であると思います。

とくに、中国に対しては、領土や領海を奪われ、呑み込まれる危機を回避するためには、この道しか選択肢はありません。

その上で、日本が中国とこの先も毅然と向き合い、共存し続けるためには、「日本に侵攻すると痛い目に遭う」と思わせるような、中国の脅威となる軍事力と外交力を持ち続けることが必要です。それ以外には、日本がこの平和を守る道はありません。

## アジア版NATO構想は実現可能か

日本のような民主主義の国は、ロシアや中国のような圧倒的に軍事力のある専制主義国家に攻め込まれたら最後、自国のみで防衛することは不可能です。

そこで長年、アジアの国々の間でも論議されているのが、〝NATO（北大西洋条約機構）のアジア版〟のような国際的な枠組みの設立です。

NATOは第2次世界大戦後、1949年に設立された軍事同盟です。

2023年4月4日に加盟国になったフィンランドを含むイギリス、ドイツ、フランスなど欧州29カ国に、アメリカ、カナダの北米2カ国が加わった計31カ国で、安全保障および防衛の分野で、協力し合う枠組みです。

NATOの最大の特長は、北大西洋条約の第5条に記された次の一文に尽きます。

「締約国は、ヨーロッパまたは北アメリカにおける一または二以上の締約国に対する武力攻撃を、全締約国に対する攻撃とみなすことに同意する」

つまり、NATO加盟国が一国でも攻撃を受けたら、全加盟国に対する攻撃とみなし、全加盟国が攻撃してくる国に対してそろって武力を行使し、攻撃を受けた加盟国を援助するというものです。そうなると戦争を仕掛けようという国は、多くの国を同時に敵に回すことになり、戦争を仕掛けるのは困難になります。

そのため、EU（欧州連合）やEU域外の国々でもNATOへの加盟を希望する国が出てきています。しかしながら、NATO加入にはNATOの全加盟国の賛同が必要なことに加え、様々なクリアしなければならない課題があります。

それは、ゼレンスキー政権の強い希望にもかかわらず、ウクライナのNATO加盟が今なお、難しい状況であることからもうかがえます。

ウクライナがNATOに加盟できない理由は、大きく2つあげられます。

1つ目は、ウクライナの政治体制が、NATOが求める資本主義的な自由度や民主主義体制の基準を満たしていない、という加盟国からの指摘です。

ウクライナは財閥と政治家の癒着がはびこり、根深い汚職体質を脱却できていないと長年指摘されてきました。実際に、ウクライナ戦争の最中でも、汚職のために重要閣僚が解任されました。

2つ目は、ロシアを刺激したくないというNATO加盟国の思惑です。

フランスやドイツなどは、ウクライナが加盟すればロシアがヨーロッパ全体の安全保障を脅かす軍事行動に出るおそれがあるとして、これまで一貫して否定的な姿勢を示しています。

しかし、ここにきてウクライナをめぐり、新たな動きが始まろうとしています。

NATOのストルテンベルグ事務総長は2023年4月5日、NATO外相会合後に、「ウクライナは将来的にNATOに加盟する、というのがNATOの立場だ」と表明。

4月20日、ストルテンベルグ氏は、ロシアによる侵攻後、初めてウクライナの首都キーウを訪れ、ゼレンスキー大統領と会談し、ウクライナの将来的なNATO加盟に前向きな姿勢を示しました。

また、ウクライナを勝利に導くことがNATOの重要課題だと強調し、2023年7月にリトアニアで開かれるNATO首脳会議ではウクライナの加盟問題が主要な議題になると述べました。

隣国スウェーデンとフィンランドは、ウクライナ侵攻後にNATOに加盟申請し、フィンランドは、2023年4月4日に加盟国になりました。

ウクライナがNATOに加盟するには、依然として、様々なハードルがありますが、N

ATO事務総長の前向きな発言はウクライナに差す光となりそうです。

ロシアのウクライナ侵攻後、日本やアジアの国々の間にも、NATOのアジア版のような軍事同盟を求める声があがっています。私も日米同盟に加え、アジア版NATOが実現すれば、日本の安全保障環境がより強固なものになると思います。

しかし、これまで日米同盟に長く関わってきた政府関係者、防衛関係者の中には、このNATOのアジア版の構想には反発があるのも事実です。

「ヨーロッパとアジアは違う」「アジアで多国間防衛同盟の結成は現実的ではない」「日米同盟があくまで基軸であり、それを越えた枠組みは行うべきではない」などの主張です。

しかし、アジア版NATOを待望する声があがるのは、米軍のアフガニスタンからの撤退の混乱ぶりや、それまでと打って変わってロシアがウクライナに侵攻する直前にバイデン大統領が宣言した「ウクライナに米軍の派兵を行わない」などの発言に見られるように、自国を最優先するアメリカの政策に対して不安が生まれ、信頼が揺らぎ始めているからです。

日本が今、真に考えるべきは、日米同盟にプラスして、アジア版NATOのような新しい防衛協力の枠組みです。

そのような危機意識のもと、私が考えるアジア版NATOの構想について記します。

アジアで今や最も戦争に近い国である日本が旗振り役を務め、日本に本部を置き、核兵器を保有する軍事大国アメリカを設立メンバーに加え、韓国、フィリピン、インドネシア、シンガポール、タイ、マレーシア、オーストラリア、ニュージーランドを入れて、同盟という形にするのがいいのではと思います。

インドは、西側、東側、どちらの陣営にも属さない〝中立的〟で独自の道を歩んでいますが、中印国境の紛争と緊張度を思えば、加盟するかもしれません。

しかし、現段階では、中国への政治・経済依存度が高いカンボジア、ミャンマー、ラオス、パキスタン、スリランカ、ブルネイ、ベトナムは入るのは難しいでしょう。

アジア版NATOの実現には、日米の両首脳が主導する必要があります。

その動きを知ったら、当然、中国は黙っていないでしょう。事実、2023年5月12日、中国外務省の汪副報道官は、日本がNATO事務所を東京に設置しようとしていることについてすら激しく反発しました。

アジア版NATOの設立について否定材料を挙げればきりがありませんが、しかし、それを実現しないで、アジアの国々がこの先、一国で中国の脅威と向き合うことは不可能です。

中国の覇権主義がよりその危険性を増している今、アジアでも軍事同盟がなければ、アジアの国々は、NATOを持つ欧州のような平和な社会は望めないと思います。

尖閣・台湾有事の危機が迫っている今こそ、アメリカとともにアジア版NATOの結成を成し遂げなければなりません。そのためには、ゼレンスキー大統領のように、各国に結成を呼びかけるリーダーが求められます。

ただ残念なことに日本は、アジア版NATOの設立にも運営にも関わる〝資格〟を有していません。アジア版NATOが本家のNATO同様、集団的自衛権を前提とする限り、加盟国が攻撃されれば、全加盟国は一丸となって反撃しなければならず、日本はそれができないのです。

理由は日本国憲法にあります。

第9条において、「武力の行使は、国際紛争を解決する手段としては、永久にこれを放棄する」「陸海空軍その他の戦力は、これを保持しない。国の交戦権は、これを認めない」と定めています。

武力の行使にあたっても、次の3条件を課しています。

すなわち、「我が国に対する武力攻撃、または密接な関係にある他国に対する武力攻撃が発生し、国民の生命や幸福追求などの権利が根底から覆される明白な危険がある場合」で「他に適当な手段がなく」かつ「必要最小限度の実力行使に留《とど》まる」という恐るべき縛りがあるのです。

武力の行使を、憲法9条の縛りがあるなかでしか行えない国が、どうやってアジア版NATOの旗振り役になれるのか。ここに、国際社会では通用しない〝平和憲法〟を持つ日本の根幹的な問題と限界があります。

## JAUKUSが誕生する日

2023年3月13日、オーストラリア、イギリス、アメリカによる安全保障の枠組みAUKUS（オーカス）は、オーストラリア海軍の次世代潜水艦の調達方針を発表しました。

AUKUSは太平洋を中心とする海域の軍事的主導権を握る対中国戦略です。

とくに、オーストラリアにとって中国は最大の貿易相手国でしたが、しかし今や、中国による海洋進出の動きが強まるにつれて両国の関係は悪化し、緊張関係が高まっています。

ＡＵＫＵＳのオーストラリアへの原子力潜水艦導入計画を実践するうえで、イギリスが開発計画を推進しているのは新型の次世代攻撃型原子力潜水艦です。アメリカも技術協力し、実際の配備は、２０４０年代前半と予想され、それまでは、オーストラリア海軍には最大5隻の米バージニア級原子力潜水艦が配備されます。

そのＡＵＫＵＳが、新たな参加メンバーとして期待しているのが日本です。

その背景には、台湾海峡や南シナ海、朝鮮半島など、中国や北朝鮮の脅威が高まり、今やアメリカ単独では対応が難しくなっている現状があります。

ＡＵＫＵＳは、日本が参加することによって、既存のミサイル防衛システムでは迎撃が難しいとされる極超音速ミサイルや量子技術、ＡＩ（人工知能）、サイバーなどの先端技術分野での共同研究や開発を行うことが可能となります。

日本にとっても、ＡＵＫＵＳへの参加が決まると、日米同盟に加えて、より高度な防衛技術を手に入れることができます。

ＡＵＫＵＳはオーストラリア（Australia）、イギリス（ＵＫ）、アメリカ（ＵＳＡ）の国名の一部をとった造語ですが、日本（Japan）が参加した場合、「ＪＡＵＫＵＳ（ジョーカス）」などの名称が想定されます。

オーストラリアの攻撃型原子力潜水艦（原潜）の配備が急がれる背景には、南シナ海での実効支配を強め、インド太平洋での影響力を増している中国海軍の動きがあります。オーストラリアは、通常の潜水艦では対峙《たいじ》できないと判断し、アメリカやイギリスからの原潜の技術供与を決断したのです。

攻撃型原潜は、就役から退役まで燃料が交換不要で、航行速度が速く、長期間潜水が可能。また、射程距離が長く、長距離弾道ミサイルを搭載できるという特長があります。

原潜はこれまで、NPT（核兵器不拡散条約）で核兵器保有を認められたアメリカ、ロシア、中国、イギリス、フランスの5カ国と、NPT未加盟国ながら核兵器を保有するインドしか配備されていません。

オーストラリアへの供与が現実のものとなれば、非核兵器国としては初の原潜保有国となります。

オーストラリアは、原潜の供与計画に対し、引き続きNPTおよび国際原子力機関（IAEA）の規定を遵守し、核兵器を保有する意思はなく、原潜にも搭載しないことを強調しています。また、アメリカ、イギリス両国も、AUKUS協定について、IAEAと協力し、NPTに定められた核不拡散の義務を全面的に遵守することを誓約しています。

日本の潜水艦は静音性に優れ、敵に音を察知されないその技術は世界最高レベルとされています。しかし、ディーゼルエンジンを使用しているため、原潜に比べ長期間の潜水ができないのが難点です。

日本が、AUKUSの枠組みに入ることができれば、オーストラリアのように攻撃型原潜を保有し配備することとなり、防衛力の向上と中国への大きな牽制《けんせい》につながります。

日本がAUKUSに加盟し、原潜の供与を受けるために、乗り越えるべき壁が2点あります。

1点目は、機密情報の収集や機密保持の体制に〝不備〟があることです。

2014年、機密を漏らした人に厳罰を科す特定秘密保護法が施行されました。しかし、スパイ防止法がなく、また、機密や先端技術を取り扱う人物を審査するセキュリティ・クリアランス制度も未整備のままの状態です。

2点目は、核保有に対するタブーが厳然として存在していることです。

AUKUSの安全保障体制の基本理念が核抑止力である以上、日本が非核三原則一辺倒ではAUKUSへの加盟は困難です。

日本がただちにオーストラリアのように原潜を保有することは難しいとしても、オーストラリア、イギリス、アメリカの原潜などを支援するための法整備を行う必要があります。

## 日本はスパイの天国、やりたい放題

日本がAUKUSや後述するファイブ・アイズに参加するには、サイバーセキュリティや暗号化技術などの最新技術や、参加国との高度な情報共有が必要不可欠です。

今回のロシアによるウクライナ侵攻においても、アメリカやイギリスがウクライナに提供する情報の優越性が戦況を決定することが示されました。台湾有事ともなれば、シームレスに信頼性の高い情報を得ることが国家存亡の分かれ道です。

ファイブ・アイズはアメリカ・イギリスが1946年に確立し、その後、カナダ、オーストラリア、ニュージーランドが加わった英語圏5カ国の機密情報共有の枠組みです。

参加国は高性能のレーダー等を駆使し、仮想敵国の潜水艦や艦船、軍用機の無線通信を傍受するべく、軍事やテロに関わる機密情報を収集し、共有しています。

実際には、外交や安全保障に活かすため、アメリカを中心に参加国の情報機関は通信傍受網を通じて電話やメールなどの情報を収集し、傍受施設を相互に共同活用します。

中国、北朝鮮、ロシアという核保有国で専制主義国家と隣接している日本にとって、ファイブ・アイズとの連携は重要です。ファイブ・アイズもまた、日本の参加を待望しています。その理由はおそらく2点あります。

1点目は、日本が地政学上、隣国の中国、北朝鮮、ロシアなどの情報を得やすいこと。そして2点目は、日本の持つ高度な技術力です。

日本にとっても、ファイブ・アイズから得られる最新かつ詳細な機密情報は、安全保障を格段に飛躍させることから、ここは何としても加入を果たしたいところです。

しかし、加入するためにはいくつかの壁があります。

日本がファイブ・アイズの一員になれない理由は大きく3点あると思います。

1点目は、日本にはセキュリティ・クリアランス制度がないことです。

特定秘密保護法が2014年に施行されたことで、一定程度、日本への信頼は高まりましたが、まだまだ不充分です。日本には、ファイブ・アイズが定める機密情報を扱う者に対して、その適格性を確認する制度が法制化されていません。そのためファイブ・アイズの参加国は、ファイブ・アイズから得られた情報が日本から外国に漏れることを恐れています。

日本は早急に、セキュリティ・クリアランスのシステムを導入する方向に舵を切らなくてはなりません。

2点目は、日本にはスパイ防止法がないことです。スパイ防止法がない日本は、世界からスパイ天国と揶揄《やゆ》されています。

スパイ防止法は、機密情報を窃取《せっしゅ》したと判明した日本人および外国人に対して、厳しい罰則を与える法律です。

3点目は、日本はファイブ・アイズのメンバー国と政治的信条、価値観を共有できるかという点に黄信号がついていることです。

ファイブ・アイズは機密情報を共有するだけでなく、政治的信条も共有すること、価値観の共有が求められています。

ファイブ・アイズは、「民主主義と人権は普遍的な価値である」という絶対的な自由主義の国家観を有して、その価値観を世界中に広めようとしています。

対する日本は、その「民主主義と人権は普遍的な価値である」という国家観を本当に有している国であるのか、という点に疑問符が投げかけられています。

具体例をいくつかあげると、まず、日本は隣国の中国、ロシア、北朝鮮の内政を批判する行為を控えていると見られています。とくに、それらの国に共通する問題とされるのは、人権弾圧です。

ファイブ・アイズのメンバー国は、中国が香港国家安全維持法を適用することに強く反対しています。イギリスとアメリカは、香港の人々が中国政府の抑圧から逃れ、自国に渡るのを容易にすべく様々な政策を承認しました。

これに対して日本政府は、香港国家安全維持法の施行について「重大な懸念」と表明するのみで、人権弾圧を受ける香港の人々への支援よりも、香港の金融機関に対する支援を優先しているとメンバー国からみなされています。

また2014年、ロシアがクリミア半島を武力によって併合した際、ファイブ・アイズのメンバー国はロシアに強い制裁を科しましたが、日本はG7（主要7カ国首脳会議）で唯一、ロシアの外交官を追放しませんでした。

ロシアの民主主義および人権をめぐる状況が悪化しているなか、当時、安倍晋三総理はロシアを何度も訪問し、プーチン政権の与党である統一ロシアと協力協定を締結。また、日本企業にロシアへの投資を奨励しました。

2018年3月イギリスで、ロシアのスパイが、「元ロシアのスパイ」を玄関のドアノブに吹き付けた神経剤を使って殺害しようとした事件が起こった際に、ファイブ・アイズのメンバーを含む29カ国は、イギリスにならってロシアの外交官を追放しました。イギリスの首相と外相は、この取り組みに加わるように日本にも要請しましたが、安倍政権は拒否。G7のなかでは唯一、日本はロシアの外交官を追放しませんでした。

このような外交を続ける日本の姿は、ファイブ・アイズのメンバーには異質なものと映り、日本の〝シックス・アイズ〟への道を険しいものにしています。

しかし、それでもファイブ・アイズの国々が日本をメンバーにしたいのは、日本には北海道の稚内から沖縄県の石垣島にかけて、隣国の軍事通信を傍受する施設とそれに付随するネットワークがあるからです。

それらの施設は24時間、中国、北朝鮮、ロシアなどの軍用機や海軍の艦船の動きや通信内容などの情報を収集しています。

日本がメンバー国になるためには、メンバー各国に対して機密情報の受け手だけでなく、その提供者にもなれることを示す必要があります。

## 待ったなし！　セキュリティ・クリアランスの法制化

セキュリティ・クリアランスは、わが国の経済や防衛の安全保障にとって極めて重要です。しかし、2022年5月に成立した経済安全保障推進法（経済安保法）には、それが含まれておらず、喫緊の法改正が求められています。

セキュリティ・クリアランスは、安全保障に関わる機密などを取り扱う個人の適性を評価し、情報にアクセスできる資格を与える制度で、セキュリティ・クリアランスの法制化は、日本の安全保障にとって避けては通れない課題です。

欧米をはじめ世界の多くの国々は、セキュリティ・クリアランスが制度化され、特別管理の秘密を扱う行政機関の職員を対象とする「秘密取扱者適格性確認制度」が義務づけられ、公的機関および関連する民間企業でも人を採用する際、適格性審査を義務づけています。

アメリカのセキュリティ・クリアランスは、安全保障に関わる国家機密等に指定された情報などを取り扱う人の適性を評価し、それらの情報にアクセスできる資格を与える制度のことです。

アメリカでセキュリティ・クリアランスの資格を得るためには、とくに先端技術を扱う民間人に対しては、個人の借金の有無や家族構成、外国人との交友関係、薬物検査など、ありとあらゆる項目で書類審査が行われます。

トップシークレットを扱うランクともなれば、ポリグラフ（ウソ発見器）まで受ける必要があります。もし、その人物が、「外部に情報を漏らすリスクがある」と判断された場合は、当然ながら資格を得ることはできません。

それが、アメリカや西側諸国のスタンダードです。


日本でも、政府機関で機密情報を取り扱う職員には、セキュリティ・クリアランスを実施しており、私もその対象者の一人でした。

しかし、企業レベル、とくに中小企業ではセキュリティ・クリアランスの意識が乏しく、情報はダダ漏れ状態というのが実態で、日本を敵視する中国などの格好のえじきになっています。

日本も、欧米のセキュリティ・クリアランスの仕組みを導入することが、企業と従業員を守ることにつながります。

しかし、日本では、セキュリティ・クリアランスの必要性は認識されつつも、資格を取得する際、個人のバックグラウンド（出自や経歴）などの身辺調査や個人情報を調べられることに抵抗を感じる人が多い。特定の人を選出することは、同時に特定の人を排除することにつながるからです。

また、個人情報保護の観点から、繊細な日本人の国民性もあり、セキュリティ・クリアランス制度に対する国民の懸念や慎重論が根強いことも事実です。

セキュリティ・クリアランスが法制化されていない日本の課題や問題点をあげてみます。

（1）日本にはセキュリティ・クリアランスがないので、実際は、機密情報に触れている人の素性がわからない。その人が、どんな情報漏洩《ろうえい》のリスク要因を持っているのかもわからない。

（2）データがこれまで以上にデジタル化されている世界において、情報伝達や端末の持ち運びが以前にも増して容易になっている今、情報漏洩のリスクは限りなく大きい。

（3）機密情報は政府のなかだけでなく民間企業が共有することもあるが、企業によって機密情報のアクセス権限が曖昧《あいまい》なので、海外のクラッカー（高度の知識や技術を用いてインターネット上で悪事を働く人）によって、民間から情報が漏れる可能性がある。

これらのことから日本では日常的に、先端的で高度な技術などが他国に流出している可能性があります。防衛面でいえば、流出した兵器の最新技術が他国で転用され新たな兵器の製造に使われる可能性があります。

セキュリティ・クリアランス制度が整備されていない現行の経済安保法は骨抜きのザル法で、このまま整備がなされなければ、先端技術をめぐる欧米との共同研究にも支障を来し、格差が生じ、孤立し、やがて日本の国益が損なわれます。

セキュリティ・クリアランスの法制化はまさに、待ったなしの状況なのです。

日本のセキュリティ・クリアランス法制化の未整備な状況は、とくに民間企業における高度な情報の保全をあやういものにしています。注意すべき点は次の3点です。

1点目は、企業の株主の〝スパイ行為〟です。

株主には情報開示権があり、株主になることによって、企業の知的財産情報の開示が要求でき、その企業の内部情報にアクセスが可能です。

また、企業を買収するなどして、内部の機密情報へのアクセスが可能になります。株主という立場を確保した上で、堂々と、必要な情報収集を行うことができるのです。

2点目は、バックドアの存在です。

ハードやソフトウェアに、製造の段階でバックドア（遠隔操作でアクセスできるようにする不正プログラム）を埋め込んでおくことで、そこから機密情報を抜き取るというものです。

3点目は人です。

とくに、政府関係者から民間に機密情報が渡った後の保全にあやうさがあります。

それを防ぐには、民間の情報アクセスの管理を厳格にしなくてはなりません。官民の情報インフラで使用するハードやソフトウェアの調達や保全を厳重に管理する必要があります。

## ウクライナ戦争で流出する日本製品と高度な技術

ロシア軍がウクライナに侵攻して5カ月後の2022年7月、ウクライナ軍に撃墜されたロシア製の無人偵察機ドローンに日本製の模型飛行機用のエンジンが搭載されていたことを報じるテレビの報道番組を見ました。

ドローン（drone）は、第2次世界大戦中に開発された無人飛行機で、名前の由来は雄のミツバチのことで、ブーンとうなるという意味です。

当初、地上から敵の飛行機を撃墜する演習のための標的として利用されていて、ターゲット・ドローンと呼ばれていました。

その後、ドローンは電子装置の小型化や高性能化によって進化を遂げ、逆に標的（敵）を狙う、攻撃性を身につけた武器として戦場に登場するのです。

番組は、ウクライナ軍が撃墜したロシア軍のドローンを分解して、どんな部品が搭載されているかを調べる場面から始まります。

ドローンには、動画を撮影できる日本製のデジタルカメラと、日本製のエンジンが使われていました。カメラにはメーカー名が記されたままでしたが、なぜかエンジンの方はメーカー名が消されています。さらに、ドローンの通信ケーブルに接続された部品も日本製でした。

エンジンはドローンの心臓部であり、日本の高度な技術が無断で軍事転用されていたのです。

そして、ウクライナ軍の偵察ドローンにも、同じメーカーの日本製のエンジンが使用されていることがわかりました。エンジンのメーカーはウクライナのドローン製造会社と取引はなく、ウクライナには輸出していないため、おそらくEU圏内の代理店からポーランドを経由してウクライナ側にエンジンが渡り、軍事転用されたのだろうと想像されます。

ロシアとウクライナ双方の偵察用ドローンに搭載されていた日本製エンジンは、世界中のプラモデル、鉄道模型などにも使用されていて、愛好家の魂を震わせるといわれる、模型飛行機のエンジンの最高峰として知られています。

兵器の開発にも転用されかねないエンジンのような高度な技術力を要する日本製品を、海外に輸出する際には、経済産業大臣の許可が必要です。

ウクライナで撃墜したロシア製の偵察用ドローンは、エンジンの振動を吸収してカメラの撮影に支障が出ないように羽根が増設され、さらに長時間の偵察で熱を帯びるエンジンを冷却するために、風の通り道を作る工夫が施されていました。

またロシア製ドローンには、アメリカ製の熱赤外線映像装置、日本製のカメラに装着したフランス製の熱線映像装置（レンズ）および携帯電話追跡装置が搭載され、携帯電話を持ったウクライナ兵をピンポイントで突き止めることができます。

そして、搭載するセンサーは、砲弾の弾道を捉える対砲兵レーダー装置を感知できるほか、電子戦システムを積載することで電波妨害を行ったり、敵兵のスマホをジャックして偽命令や偽情報を送ったりすることも可能とされています。

## イランの攻撃型ドローンにも使われる日本製品

日本から、軍事転用の恐れがある高度な製品などを輸出する際は、国際的な枠組みで規制されていて、違反すれば罰則や制裁が科せられます。

冷戦時代には、共産圏への輸出を規制した枠組みとしてココム（対共産圏輸出調整委員会）があり、1987年に日本の企業が旧ソ連に工作機械を不正輸出し、ソ連の潜水艦スクリューの性能を高めたとして幹部が有罪になるココム違反事件が起き、日本中が騒然となりました。

現行の国際的な枠組みは、ココムを発展的に解消して1996年に発足したワッセナー・アレンジメント（WA）や、1978年に発足した原子力供給国グループ（NSG）などがあります。これらの枠組みを踏まえ、日本にも外国為替および外国貿易法（外為《がいため》法《ほう》）があり、それらに基づいて軍事転用可能な製品や技術の輸出を厳格に規制しています。規制対象の製品は、先端材料、センサーなど15分野に及びます。

外為法には、国が指定した製品を輸出する際、事前に許可を得るよう企業に求める規定があり、無許可での輸出は最大で10年の懲役刑、10億円の罰金という重い罪に処される可能性があります。

しかし、実際にはその網の目をかいくぐるように、ロシアは日本の高度な技術力を用いた製品を入手、武器に改造し、戦場で使用しています。それらの武器によって日々、多くの人命が奪われています。

さらに、ウクライナ軍の調査で、イランがロシアに供与した、「カミカゼドローン」と呼ばれるイラン製の攻撃型ドローンにも、日本や欧米、さらに中国や台湾の企業の部品が使われていることがわかりました。

イラン製攻撃型ドローンの強みは、比較的低コストで大量生産できることです。

それもそのはず、部品の多くを市販の家電パーツなどの民生品を使って生産しているのです。そして使われている日本製品は、大手家電メーカーの電池やカメラなどです。また、家電やゲーム機といった身近な製品に、大手半導体メーカー製の集積回路などが使われていますが、日本では民生用で、軍事的に使われるのが明らかでなければ、イラン向けであっても輸出規制の対象にはなりません。しかし実際には、アメリカの金融制裁下にあるイランと直接ビジネスを行っている日本企業はほとんどありません。

では、イランはドローンに使用されている日本製品をどのようにして入手したのでしょうか。

輸出ルートについては、中国や中東の国など第三国を経由してイランに入った可能性が高く、日本の部品がイランに入るのをコントロールすることは難しいのが現状です。

ウクライナ戦争が始まって以来、日本製の中古車や、車の中古部品のロシアへの輸出が増えています。

日本のロシアへの自動車の輸出規制の対象は高級車のみで、それ以外は輸出規制の対象から外れるために、日本製の頑強なピックアップ・トラックやランドクルーザーが今、海を渡り、戦場で〝戦車〟の代わりに使われています。

戦場と日常との境界がますます曖昧になっている時代に私たちは生きています。

## プーチンが匂わせる核使用と日本の核兵器保有

2023年5月9日、対ドイツ戦勝記念日の式典が行われ、軍事パレードでは、アメリカを狙う核兵器の搭載が可能なICBM（大陸間弾道ミサイル）「ヤルス」などの核戦力が披露されました。

プーチン大統領は演説で、「われわれの祖国に対して、再び本当の戦争が行われている」と、初めて戦争という言葉を口にし、ウクライナへの軍事支援を強める欧米側を非難。ロシアによる核兵器使用も辞さずの軍事侵攻を正当化し、今後も戦争を続ける姿勢を強調しました。

ストックホルム国際平和研究所の「世界の核兵器保有国と保有数」（2022年版）によると、核兵器保有数のトップはロシアの5977発で、以下はアメリカの5428発、中国350発、フランス290発、イギリス225発と続きます。

「相互《そうご》確証破壊《かくしょうはかい》（MAD）」という言葉があります。

なじみが薄い言葉だと思いますが、安全保障の専門家の間では頻繁に出てくる核戦略に関する概念・理論・戦略です。

核兵器を保有して対立する2カ国のどちらか一方が、相手国に対して先制的に核兵器を使用した場合、もう一方の国は破壊を免れた核戦力によって、確実に報復することを保証するというものです。

これにより、先に核攻撃を行った国も、相手の核兵器によって甚大な被害を受けることになるため、相互確証破壊が成立した2国間で、核戦争を含む軍事衝突は理論上発生しないことになります。

核抑止。いわゆる核共倒れ理論です。

1970年代から80年代にかけて、米ソ間に冷たいながらも平和が維持されていたのは、MADがもたらした抑止によるものでした。

中国、ロシア、北朝鮮の3カ国はともに核兵器を保有する専制主義国家です。

これらの国の最高指導者の命令一つで、数分かそこらで日本の都市に核弾道ミサイルが飽和攻撃で着弾するおそれがあります。飽和攻撃とは、敵の防空能力を上回る数の攻撃を一斉に行うという戦法です。搭載する核弾頭の種類にもよりますが、威力は長崎、広島の数十倍で、一つの都市が壊滅するに十分な威力を持つといわれています。

核を持たない、核を持てない日本は有事の際、アメリカの核の傘に頼らなければならない状況ですが、ならば、有事の際、アメリカの核の傘は実際、どのように日本に運用されるのでしょうか。

核の傘に落とし穴はないのか。

日米両政府は日本の安全が核の傘によって実際にどのように守られているかを検証し、議論することを、タブー視してはなりません。

政府の役割とは、国民の間に広がる不安をやわらげ、安心を与えることです。

これまでタブーとされてきた核兵器保有の論議を進めるべきです。

実際、日本は、核兵器を保有する隣国につねに狙われており、いつ攻め込まれてもおかしくない状況です。

日本政府は様々な内圧・外圧に屈することなく、平和な国土と国民を守るために、核兵器の保有を検討すべきです。

日本は技術的には短期間で核兵器の保有が可能といわれています。しかし、実際には日本が核兵器を保有するハードルは極めて高いのが現実です。

まず、同盟国のアメリカが日本の核兵器の保有を容認する可能性は低いと思われます。

共和党のトランプ前政権の折はアメリカ・ファーストを前面に打ち出していたこともあり、「日本も核保有して、自分の国は自分で護《まも》るべき」と発言して一時、物議をかもしましたが、民主党のバイデン大統領になるとすっかり立ち消えになったように見えます。

日本はNPT（核兵器不拡散条約）を批准した非核保有国なので、条約を脱退しない限り、核兵器の製造も保有もできませんが……。

NPTは、アメリカ、ロシア、イギリス、フランス、中国の5カ国を核兵器国と定め、核兵器国以外への核兵器の拡散を防止しています。NPTの締約国数は191カ国に対し、非締約国はインド、パキスタン、イスラエル、南スーダンの4カ国です。

仮に日本が、NPTを脱退して非締約国となり、核保有国となったとしても、孤立したなかで経済的にも安全保障上も国際社会で生きていけるかどうか。

日本には1971年に決議した、「核兵器を持たず、作らず、持ち込ませず」の非核三原則があり、それも含めて核兵器保有の道へ進むのを阻んでいます。

日本独自の核兵器の製造・保有が難しいなら、アメリカとの核シェアリングを、早急に議論の俎上《そじょう》に載せる必要があります。

核シェアリングは、NATO（北大西洋条約機構）の核抑止政策で、自国の核兵器を持たない加盟国に対して、他国から核兵器が使用された場合、その国の軍隊が核兵器の運搬に関与することを定めています。

核シェアリングは、実際配備しなくても日本が核シェアリングの存在を認めるだけで相手国への牽制《けんせい》となり脅威となり、相手国は日本への攻撃をためらい、自制する可能性があります。

もっとも、核シェアリングも、核兵器保有と同様に実現の道は険しいものがあります。とはいえ、これまでのアメリカなら、日本の核保有も核シェアリングも認める可能性は低かったと思いますが、総じてアメリカの防衛力が弱まっているのに加え、中国が近い将来、アメリカの防衛力を抜いて世界最強の軍事国家になるとも予測されており、また中露の連携も脅威となっています。そんななか、アメリカにとっては対中国戦略の要であり、橋頭堡《きょうとうほ》としてますますその存在意義が増している日本を、軍事的にも強くすることが必要であると判断した場合、アメリカが日本の核保有、核シェアリングを日米同盟のなかに組み入れる可能性はあります。

2022年時点で、NATO加盟国でアメリカと核シェアリングを行っている国は、ドイツ、イタリア、オランダ、ベルギーの4カ国で、アメリカの核爆弾「B61」が15発ずつ計60発配備され、「核共有」の状態にあります。

それら4カ国のパイロットたちは定期的にB61の模擬投下訓練を受けていて、核戦争の際には核弾頭を航空機に載せ、上空から落とす仕組みです。

しかし、NATOといえども、核投下の最終決定を下すのはアメリカの大統領で、同意なしに4カ国は自由に、共有核を使用できるわけではありません。

日本と同様、非核保有国であるドイツには、米軍の核兵器が配備されています。アメリカはドイツに核兵器の国内配備を認め、共同管理する方針をとっています。核の存在を認め、米軍がドイツ国内で指揮権を行使することを認める一方、同時にドイツは米軍の指揮に対する拒否権も持っています。アメリカとの核シェアリングについては、ドイツは日本より強い権限を持っています。

## 日本の安全保障のロールモデルはイスラエル

2022年8月4日、ペロシ米下院議長の台湾訪問への対抗措置として、中国軍は台湾と同時に日本に向けて、弾道ミサイル5発を相次いで発射させました。中国軍が狙った場所は、沖縄県与那国島にある自衛隊のレーダーで、実際に着弾したのは沖縄県与那国島から約60キロの日本のEEZ（排他的経済水域）内でした。

台湾有事の予兆ともいえる、中国軍の攻撃が今回のように起きた場合、果たして日米同盟は機能するのでしょうか。

他国から日本が攻撃されたとき、日本を守るための米軍の出動は時のアメリカ議会の承認が必要です。しかも議会で承認される100％の保証はありません。

日本はそういう意味で孤立しています。

そんな日本を、日本人を見て、私は中東のある国のことを思い浮かべます。誤解を恐れずにいえば、その国は、実に様々な視点から日本によく似ており、そこには、今、日本に欠落しているもの、日本が今、必要としているものがあるように思います。

その国とは、ユダヤ人の国、イスラエルです。

1948年に建国されたイスラエルは、人口921・7万人（2020年当時）で、日本の人口1億2580万人（同）の約13分の1です。国土は、四国程度の大きさです。

私は外交官時代、1998年から2001年まで3年間、イスラエルの首都テルアビブ（注：イスラエルの首都がどこかは国際的に大変に機微な問題です。イスラエルはエルサレムを首都と認定、2018年にはアメリカも追随しました。日本はテルアビブを首都として大使館を設置しています）にある在イスラエル日本大使館に勤務しました。

エルサレムは、ユダヤ教、キリスト教、イスラム教の3宗教の聖地で、宗教上とても重要な地域です。

ユダヤ人は、2000年もの間世界中に離散し、迫害を受けてきました。

第2次世界大戦中に、ナチス・ドイツがユダヤ人に対して組織的に行ったホロコーストにより、約600万人のユダヤ人が犠牲になりました。

ホロコーストの語源は、「焼かれたいけにえ」という意味のギリシャ語です。

第2次世界大戦後の1947年11月、国際連合は、パレスチナを分割し、ユダヤ人の国家とアラブ人の国家を建国する決議を採択。1948年5月14日、ユダヤ人国家イスラエルが誕生しました。

しかし、ユダヤ人国家イスラエルの建国に、アラブ側は強硬に反対し、中東戦争が勃発。イスラエルと周辺アラブ国家間で戦火を交えた中東戦争は、1948年から1973年までの間に大規模なものが第1次から第4次まで4度起こりました。

その後、イスラエルとエジプトの和平などにより、国家間の紛争が沈静化して以降も、パレスチナの非政府組織とイスラエルとの軍事衝突は現在も続いています。

世界はつねに複合的で、中東には、イスラム教とユダヤ教という、絶対的に分かり合えない世界があります。

そこには言語の壁、価値の壁、そして、歴史観の壁があり、それに翻弄される人間が抱く恐怖、憎悪を理解するのは並大抵ではありません。

そんな混沌《こんとん》の中東にあって、アメリカの支援を受けて、イスラエルは自ら戦争で勝利して得た国土を、70年以上今日まで守り抜いてきました。

しかし、中東における反米・反イスラエル感情の厳しさは筆舌に尽くしがたく、イスラエルの安全保障環境は、非常に厳しいものがあります。

イスラエルは、パレスチナのイスラム組織ハマスと隣接し、またイスラエルの隣国には自国の新聞にイスラエルという国名を出さず「敵」と表現するシリアがあります。そして、もう一つの隣国レバノンにはイランの支持を受けたイスラム教シーア派組織ヒズボッラー、さらに、中東にはイスラエルの撲滅を掲げる大国イランの存在があります。いずれも、隙あらばイスラエルを地中海に沈めると息巻いています。

そのため、イスラエルは、建国とともにイスラエル国防軍を創設。国民皆兵《かいへい》国家で、満

18歳で男子は32カ月、女子は2年の兵役に服さねばなりません。ただし、女性の既婚者は兵役が免除され、また信仰上の理由により女性は兵役免除も可能です。

イスラエルは国土が狭く、一部でも他国に占領されれば、国民は致命的なダメージを受けます。そのため、戦時下にあって国の防衛としてはいち早く先制攻撃を仕掛け、敵の攻撃力を早期に排除し、無力化することを主眼に置いています。

日本もまた、中国、北朝鮮、ロシアと、日本を敵視する核保有国と隣接し、対峙しています。安全保障環境の厳しさではイスラエルと日本の両国は似ているようでいて、日本の方がより厳しく深刻です。

長年、外交官を経験して痛感したことは、安全保障は国の最も重要な国家戦略であるということです。

## イスラエルの安全保障（1）一家に一個核シェルター

それは沖縄のテレビ局が放送した短いニュース番組でした。

台湾有事への不安が日本国内にも広がるなか、沖縄県先島諸島の与那国島などに避難シエルター設置の計画を発表しました。

するとその計画に対して、沖縄の市民団体が「避難シェルターを設置すると、沖縄が戦場になる。県民は反対の声をあげよう」と抗議デモを計画していると地元のテレビ局が取材し、伝えたのです。

市民団体の主張は「避難シェルターはいらない。戦争準備を止めろ」というもので、団体の代表者は「避難シェルターは、有事の際、沖縄が戦場になるのと同時に戦争に与《くみ》することにつながる。沖縄県民を戦争に動員することになる」と反対理由を述べました。

与那国島は台湾に最も近い日本最西端の島です。そこからわずか111キロの距離にある台湾では、周辺で中国による軍事演習が行われるなど、戦争の危機が迫っています。

沖縄本島と与那国島との間には距離があるとはいえ、台湾有事となると先島諸島を含め沖縄が戦場になる可能性が高いというのに、その現実認識がまったくできていないとしか思えません。

ミサイルの攻撃から命を守るためにシェルターが必要という意見に異を唱える考えは、どこから生まれてくるのでしょうか。

先の大戦で戦場となり多数の死者を出した沖縄には、多数の米軍基地があり、複雑な反戦意識があることは私なりに理解しますが、それにしても、避難シェルター設置に一部の反対があったことで、万一、避難シェルターの設置が見送られでもしたらそれこそ大変です。助かるはずの多くの命が助からない事態になります。

避難シェルターは、ミサイルが着弾したとき、避難して住民の命を守るためのものです。政府が考えている避難シェルターは、ミサイル攻撃の爆風などから身を守るため1~2時間程度一時的に避難できるコンクリート造りの建物や地下施設とのことです。「緊急一時避難施設」として指定を進める予定で、2023年度中にシェルターに必要な機能や設備などを調べ、設置の可否を判断するとしています。

戦争や紛争が日常と背中合わせの中東での外交官経験が長い私には、安全保障を脅かされている日本においてシェルターの設置は必要で、設置に反対する理由は見当たりません。ウクライナの首都キーウでは、警報サイレンが鳴るや、あわてて地下シェルターに逃げ込む市民の姿があります。ウクライナで、もし地下シェルターがなかったら死者の数はさらに甚大になっていたことでしょう。

今回の戦争が勃発して以来、ロシアにとって一番の標的ともいえるゼレンスキー大統領が、ミサイルに当たることなく外国の首脳や関係者と面談し、自撮り動画を世界に発信しているのは、地下の安全なシェルターがあり、そこに避難して指揮を執っているからです。シェルターが戦争を誘発する、というのはあまりにも思考が歪《ゆが》んでいます。

一方、イスラエルの安全保障はどうなっているのでしょうか。

イスラエルは、事実上の核兵器保有国でありながら、NPT（核兵器不拡散条約）非加盟国です。これまで一度も核実験を行うことなく、自前の技術力を駆使して、核保有国になりました。

「核保有国」であることが、イスラエルを国家として認めず破壊しようとする近隣の国々への、暗黙の強い抑止力となっているのです。

しかし、核保有国イスラエルは公式には、核兵器の保有に関しては、否定も肯定もしない曖昧《あいまい》政策をとり続けています。

曖昧政策をとっていることについては、核兵器の有無を疑わせ、抑止効果を高めようとする狙いと、最大の同盟国アメリカに対する配慮と考えられています。何より、NPT非加盟のイスラエルが核武装を公表すれば、イランなど周辺国の核武装を招きかねないからです。とはいっても、イランは核開発を進め、完成間近の段階まできていますが……。

イスラエルでは、安全保障は日常に溶け込んでいます。

イスラエルの安全保障の根底にあるのは、「ユダヤ人はホロコーストの恐怖から、絶えず身を守る必要がある。自分の命は自分で守る」という生命観や国家観です。

イスラエルで勤務している間、私は2軒のマンションに住みましたが、いずれも家の中に防弾部屋があり、家族はその中にいつでも逃げ込めるようになっていました。防弾部屋には、防毒マスクも完備。化学兵器が飛んできたときに装着するためです。

イスラエル政府は、各家庭に、防弾部屋と防毒マスクの配備を義務づけているのです。建国以来、自国を敵視する国々に囲まれ、数限りないミサイルやロケット弾による攻撃を受け、市民が犠牲になってきた歴史から学んだ教訓です。

また、日常的に空からの攻撃にさらされているイスラエル国民の家には、戸別に核シェルターが設置してあります。その数、100万個ともいわれています。

いつ、イランやシリアから長距離ミサイルが、ハマスからロケット砲が飛んでくるかわからない。国民の生命を守るために、核シェルターは必須の防衛設備なのです。

イスラエルの市民防衛法では、公共施設だけでなく、事業所や民間の家屋にも核シェルターの設置を義務づけています。

核シェルター本体については、過去の膨大な実績があり、ノウハウが充実し、イニシャルコスト（新しく導入する際に必要な初期費用）も低コスト化が進んでいます。

国民は核シェルターに避難することで、ミサイル攻撃による爆撃振動、爆風に耐え、生物化学兵器、放射性物質などの攻撃からも生命を守ることができます。

イスラエルでは民間の住宅にある核シェルターは、普段は、くつろぐための家具や設備、装飾を備えており、また音楽スタジオやフィットネスジムとして利用するなど、スペースを有効活用しています。

核シェルターがイスラエル国民の日常の一部となっていることはすなわち、この国の人々がいかに危険と過酷な現実と隣り合わせであるかを示しています。日本は、イスラエルから安全保障について学ぶものが多いように思います。

ちなみに韓国では、そのイスラエルの企業と協同で、地下鉄へのシェルター・システムの導入が進んでいます。核攻撃や生物化学兵器の侵入を防ぐシェルターには、イスラエルの技術が使用されており、国民の命を守ることに貢献しています。

## イスラエルの安全保障(2) 培養肉の衝撃

イスラエルが世界で初めて培養肉を使ったハンバーガーを提供するレストランをオープンさせたのは2020年のことで、今では培養肉の先進国としても世界的に知られています。イスラエルが国家をあげて、培養肉の技術開発と商品化に力を入れているのは、有事に備えた「食の安全保障」が目的です。

培養肉は、大豆のたんぱく質などを本物の肉の食感や味に近づくように加工した代替肉ではなく、牛、豚、鶏、子羊、鴨、うずら、魚、甲殻類、うなぎ、フォアグラ、ホタテなどの食に適する細胞を栄養成分が入った液体の中で増やしたもので、人工的に組織培養することによって得られた肉のことです。

動物を飼育・繁殖させることなく、また遺伝子組み換え作物を使うこともない培養肉は、食料不足の解消や環境負荷の軽減などにつながると、世界中で研究・開発競争が激化しています。

日本でも研究開発が進められており、大学や企業の研究グループが、「ステーキのようにおいしく食べ応えのある」培養肉の実現を目指しています。２０２２年３月、東京大学で、最新の技術で作った国産「培養肉」の初めての試食が行われました。

それに先んじて、２０２１年６月、イスラエルの食品技術企業が、世界初の産業用培養肉生産施設をテルアビブに近い都市レホヴォトに開設。１日にハンバーガー５０００個分に相当する５００キログラムの培養肉を生産できる能力を備えているといいます。鶏肉、豚肉、ラム肉は従来の畜産の約20倍という高速のサイクルで生産し、牛肉もまもなく生産できる見通しとのこと。

培養肉の研究開発は国をあげてのプロジェクトで、イスラエル経済産業省傘下のイスラエル・イノベーション庁（ＩＩＡ）は、培養肉企業で構成される培養肉コンソーシアム（共同事業体）に助成金を提供しています。

それほどまでに培養肉に産業としても力を入れるのは、イスラエル人に肉好きが多いことも無関係ではありません。イスラエルはアメリカやアルゼンチンに次ぐレベルで１人当たりの肉の消費量が多く、鶏肉の１人当たりの消費量にいたっては世界一です。

イスラエルでは、若い男女が徴兵に行きますが、もし戦争になったら、肉不足では前線の兵士や国民の士気を高めておくことができない、という国家戦略も根底にあるのです。

有事の際、国民の命を守るためには何が必要なのか。安全保障の本質を、イスラエルは教えています。

## イスラエルの安全保障（3）　水は技術で作る

「砂漠に花を咲かせることができれば、ここに何百、何千、何百万もの人間が生きることができるだろう」

荒野だったイスラエルの地に潤いをもたらそうと奮闘した、初代首相のダヴィド・ベン＝グリオンが残した言葉です。

国土の60％は荒野で、乾燥地帯。淡水として使える水源は北部のガリラヤ湖およびそこから流れ出るヨルダン川のみです。

人々は水を無駄にしないよう幼いころから教え込まれ、少雨でガリラヤ湖の水位が下がれば国内のムードも落ち込む。それがイスラエルでした。

フォークダンス・ソング『マイム・マイム』は、イスラエル人が水を見つけたときの喜びを祝う歌であり、歌詞は旧約聖書『イザヤ書』第12章3節の「あなたがたは喜びながら救いの泉から水を汲《く》む」という一節から引用されています。「マイム」はイスラエルの公用語であるヘブライ語で「水」を意味し、この曲は掘り当てた井戸のまわりで踊り、喜びをもって水に駆け寄るユダヤ人の姿を表しているのだといいます。

逆説的にいえば、『マイム・マイム』という曲が生まれるほどに、イスラエルという国には水がありませんでした。

「だったら、作ればいい」

それがこの地で永住を決意した、イスラエルという国家の精神であり、哲学でした。

しかし、建国から70年、イスラエルはもはや水に悩んでいません。それどころか、水関連の高度な技術で今や世界を牽引《けんいん》する存在にまでなったのです。

2022年5月、イスラエルの現地紙『エルサレム・ポスト』は、大気から水を作る装置を開発したイスラエル企業が、政治的には敵対するシリアで飲料水の供給を行うと報じました。

シリア国内で活動する人道支援組織と協働し、学校や病院、その他の医療施設などに、飲料水製造装置を設置するというのです。

シリアでは、内戦が勃発した2011年以降の11年間で、水と衛生設備が正常に機能している場所が全土の50%にまで低下しました。

イスラエルのこの企業の飲料水製造装置は、ソーラーパネルなどを活用して最も小型の機種で1日当たり18~20リットルの飲料水を製造することが可能で、最大の機種は1日当たり6000リットルの製造能力を有しています。

イスラエルは、建国以来、国家の優先事項として、水の安全保障とともに最先端の灌漑《かんがい》、淡水化、水処理技術を開発し、その水技術で砂漠を耕作することに年月を費やしてきました。

その甲斐あってイスラエルの淡水化技術と水再生技術は、世界でも類を見ない発展を遂げています。

今やイスラエル国内で消費される水の大半は、無尽蔵にある海水を淡水化したものです。

イスラエルの淡水化技術とは、海水に含まれている塩類を除き、純水にするというもの。純水とは、不純物を含まない、純度の高い水のことです。

イスラエルは、早い時期から半透膜による海水淡水化技術を取り入れてきました。

半透膜とは水は通すが、他の成分は通さない膜のことです。

同じように力を入れたのが水再生技術で、下水再生率においてはイスラエルは83%で世界第1位となっています。第2位のスペインが12%、日本が2%にも満たないことを考えると、そのすごさがわかります。

まさに必要こそが、発明の母なのです。

このほか、水道管の内部でごく小規模な発電を行い、その電力で流量などのモニタリングを行う技術、アフリカの僻村《へきそん》などでも安定した水供給が可能になる太陽光発電による井戸水の汲み上げシステムなど、イスラエル企業が生み出している水に関する新技術は枚挙に暇《いとま》がありません。

水についての知見が経済、政治、外交といった分野で大きな可能性を持つことを、イスラエル政府は認識しており、経済省は実用化に焦点を当てた技術育成や教育新興、研究助成などを果敢に進めています。

水の少ない国イスラエルが、むしろ水が少ないことを武器に、水を作る最新のテクノロジーを開発し、商品化させ、国を発展させているのを見ると、その緻密《ちみつ》な国家的戦略とたくましさに圧倒されます。

## イスラエルの安全保障(4) 食料自給率は90%以上

イスラエルの食料自給率は90%以上です。年間降水量が平均700ミリ以下という過酷な環境を考えると、驚くべきものがあります。

乾燥地帯のイスラエルにとって、食料の確保は死活問題で、それを克服するために国をあげて独自の農業技術を研究、開発してきました。それは過酷な環境で不可能と思われることに挑み成し遂げることを意味します。

イスラエルの高い自給率を支える要因は、アグリテックというハイテク農業です。アグリテックとは、農業と技術を組み合わせた造語であり、ドローンやAI(人工知能)、IoT(モノのインターネット)、ビッグデータなど、農業領域でICT(情報通信技術)を活用する取り組みです。

水再生技術で浄化した水は、飲用には適しませんが農業には利用できます。

砂漠で農業を行うことは困難を極めます。

気温は高く湿度が低いこの地では、水はすぐに蒸発し、塩分が土中に蓄積してしまいます。水の利用効率が極めて悪いのです。

その状況を打破したのが、1959年にイスラエルで開発された点滴灌漑《かんがい》という農業技術です。プラスチック製のパイプを通して、作物を育てるのに必要な場所だけに水を届ける技術によって、水の蒸発を抑制でき、利用効率を上げます。さらには、届く水の成分まで管理できるため、塩害の対策も可能。点滴灌漑はさらなる発展を遂げており、肥料や農薬を水に入れて効率的に散布することができるようになり、さらにインターネット経由で、遠隔地からでも農地の管理が可能になりました。

イスラエルのこの点滴灌漑技術は特許を取り、世界的に成功しました。広大な農地の広がるオーストラリア、アメリカの大規模農家でも、導入が進んでいます。

イスラエルの最新のテクノロジーで管理する農業で生産された主な農産物は、じゃがいも、トマト、ピーマン、柑橘《かんきつ》類、なつめやし等です。

イスラエルから日本にもこれらの農産物が輸出されており、主な品目はグレープフルーツジュースやポメロジュース、レモンジジュース、オレンジジュース、生鮮・乾燥果実等の柑橘類です。

ところでわが国は、温暖な気候と四季に恵まれ、水に不自由しないにもかかわらず、食料自給率は2021年度で38％と、イスラエルと比べると驚くほど低い数値です。なぜそのような事態が起こるのでしょうか。日本では、食材や食料は、自国で作るより外国から輸入した方が安いというのが理由です。その結果農地は荒れ、離農が相次いでいるのが現状です。

もし台湾有事が起こると、台湾海峡と、台湾の南端沖のバシー海峡の2つの交易路が断たれることが予測されます。

これら2つの海峡は、天然資源や食料を積載し日本へ向かう輸送船やタンカーの経路です。

いわば日本の生命線で、この交易路を断たれると、日本へ向かう輸送船やタンカーは、安全確保のために台湾の東の太平洋を迂回《うかい》して日本に向かうことになります。日本に無事着いたとしても、迂回した分輸送代が高くなり、また、戦争の危害が及ぶ恐れがあるため、輸送船やタンカーに課せられる保険料が割増しになります。その結果物価は高騰し、市民の食卓を直撃。国民の生活環境が悪化する恐ろしい事態となります。

## イスラエルの安全保障（5）　中東のシリコンバレー

シリコンバレーとは、カリフォルニア州・サンフランシスコのベイエリア南部に位置し、テクノロジー系の研究所が拠点を置き、多くの新興企業や技術系のグローバル企業が密集する地域のことです。

ハイテク国家のイスラエルは、〝中東のシリコンバレー〟と呼ばれています。

グーグル、アップルをはじめとする、グローバル企業の拠点が300以上あり、ここから毎年1000社以上のハイテクのスタートアップ企業が生まれています。

世界最先端の技術を多数生み出すイスラエルには、約6000社のハイテクスタートアップ企業と合わせ、グローバル企業のR&D（研究開発部門）が集結しており、世界的な「イノベーション創出地」として定評があります。

一方、グローバル企業が毎年100社以上のスタートアップ企業を買収するなど、企業同士が連携したり、あるいは異業種の企業が、それぞれの技術やノウハウを共有しながら、収益を上げる構造のエコシステムが成熟しています。

イスラエルは、国民1人当たりのVC（ベンチャーキャピタル）投資額、R&D投資額の対GDP（国内総生産）比率、アメリカNASDAQ上場のアメリカ以外の企業数、1万人当たりのエンジニア数、ノーベル化学賞受賞者数においても世界で一、二を争う科学技術先進国です。

VCとは未上場の新興企業（ベンチャー企業）に出資して株式を取得し、将来的にその企業が株式を公開（上場）した際に株式を売却し、大きな値上がり益の獲得を目指す投資会社や投資ファンドのことをいいます。

近年、テクノロジー業界でトップに君臨するグーグル、アップル、シスコ、インテル、マイクロソフト等は、拠点だけでなく、潤沢な資金を用意し、ベンチャーキャピタル機能を持ち合わせ、イスラエルの「頭脳」を取り込むため、優秀なスタートアップ企業に投資し、多数の買収を行っています。

では、なぜイスラエルは、〝中東のシリコンバレー〟と称されるほど、スタートアップ大国として知られるようになったのでしょうか。

それは、イスラエル政府が主導して、積極的に海外からの投資を呼び込んでいるからです。

イスラエルで優秀なスタートアップ企業が育つ理由は4点あると思います。

1点目は、イスラエルは砂漠や沼地など地形的に多くの課題を抱えており、それに対して解決しようとするチャレンジ精神が育っています。今の日本人、日本企業に最も欠けているものです。イスラエルでは、まず、トライしてみることが重要なのです。

イスラエルを繁栄させるためには、テクノロジー大国となることが必要でした。

それが実現し、70年前は沼地だったイスラエルの中心街は、今は東京のように都市化が進んでいます。

2点目は、イスラエルの人口は1千万人に満たず、面積は日本の四国と同程度です。そのため国力を増強するしか道はなく、企業活動の基本として、常にグローバル展開が視野にあることです。

そして、3点目は、政府の支援です。

イスラエル政府はスマートトランスポーテーション（運輸業界インフラの変革）国家戦略に投資して、公共バスの自動運転の実証実験などを支援しています。実験費用は総額6100万シェケル（1700万ドル）に上ると試算されており、うち政府が半分を拠出する予定です。

最後の4点目としては、オープンカルチャーでかつ失敗を恐れず、失敗から学ぼうというマインドが理由として挙げられるでしょう。

オープンカルチャーとは、キリスト教の「与えよ、さらば与えられん」、英語の「give and take」にあたるものです。そのメッセージは、「まず提供しなさい。そうすると想像もしていなかったものが提供されますよ」というもの。順番は必ず「提供」が先というのがポイントです。

イスラエルで自動車産業は育ちませんでしたが、しかしデジタル時代を迎えたことで、イスラエルが得意とするセンサーやライダー（自動運転技術）などのデジタルテクノロジーが、自動車産業をはじめとしたモビリティ（移動性、機動性）の分野で活躍できる機会が生まれました。

技術大国であることが国を守り、イスラエルという国を強くしています。

かつて、ものづくり大国で世界に誇った日本の技術力は、今や、半導体からパソコン、ソフトウェア、社会のデジタル化まで、国際マーケットにおいて様々な技術分野で競争力を失いつつあります。

アマゾンやアップルなど国際市場で技術競争力の高い企業は、スタートアップ企業との提携や買収をバネに競争力を拡大してきましたが、対する日本の大企業はインハウス（社内）ですべて行おうとする傾向が強く、外部とのコラボレーションから生まれる新たなアイデアや革新力を生みだせないままでいます。

技術革新力を強化する上で欠かせない、スタートアップ企業の支援や優秀な人材の育成が、他の技術大国と比べると日本は極めて弱いのが現状です。

国家戦略として、日本もイスラエルのような、技術大国を再び目指すべきです。

## イスラエルの安全保障（6） 先進国第1位の出生率

イスラエルでは2021年、1人の女性が一生のうちに産む子どもの数（合計特殊出生率）は3・00人と先進国第1位。この年に限らずイスラエルを含む先進国38カ国が加盟する経済協力開発機構（OECD）のなかで2000年代前半から首位を独走しています。

日本は1・30人で、イスラエルの出生数の半分以下です。

日本の出生数は、6年連続で低下し、出生数も過去最少でした。

2023年4月、少子化対策会議を設置する日本を含め、多くの先進国が少子化に悩むなか、なぜ、イスラエルは「子だくさん」なのでしょうか。出生数の多さに驚く日本人も多いのではないでしょうか。

その理由を私の多くのイスラエル人の友人の考えや、イスラエルで日本語学校を経営する木村リヒ氏のインタビュー（「KIDSNA STYLE」2020年11月）を引用・参考にしつつ、いくつか挙げてみます。

（1）イスラエルの人口の大半はユダヤ人で、「産めよ、増やせよ、地に満ちよ」というユダヤ教の教えがあり、厳格なユダヤ教徒はこの「子どもは神の恵み」とする教えに忠実で、できる限り子どもを産みます。

高い出生数は政治、経済、軍事などあらゆる観点で、国の強さにつながります。

イスラエルには、幸せは子どもが運んでくるという意味の「子どもは幸せ」ということわざがあるほど、イスラエル人は子どもに関することはすべて善いことだととらえています。

（2）イスラエルでは、子育てをしながら働く女性が多く、出生率が高い背景には、妊娠、出産から子育てまでを負担だと思わなくてすむような社会システムがあります。

不妊治療についていえば、イスラエルは1995年から、18〜45歳の女性が体外受精をする際にかかる費用を、2人目の子どもが生まれるまで全額補助しており、回数にも金額にも上限を設けていません。そのためか、1人当たりの不妊治療回数は世界で最も多いのです。1家庭当たり子どもが3人以上いることはめずらしくありません。

また、国内での代理出産も法的に認められています。

(3)不妊治療や、月経、妊娠、更年期、婦人科系疾患など女性が抱える様々な健康の課題を、テクノロジーで解決するフェムテックの分野の企業が、イスラエルには約100社あり、現在もその数を増やしています。

フェムテックは女性とテクノロジーを掛け合わせた造語で、女性の社会進出、活躍を推進するものとして注目を集めています。

中東最大のイスラエルの国立病院内にフェムテック専門のイノベーションセンターが設置されるなど、国全体でフェムテックの研究開発を支える仕組みがあることがフェムテック企業が多く生まれている背景です。

(4)イスラエルでは、3歳から18歳まで、幼稚園から高校までが義務教育で、公立であれば授業料は無償です。幼稚園と保育園の数が多いため、日本のような待機児童問題は存在しません。

（5）子育て世帯では、ベビーシッターや、家事代行サービスも頻繁に利用されています。「時間をお金で買う」という価値観が浸透しており、気軽に利用できるのです。

また、イスラエルでは、ユダヤ教で定められた金曜の日没から土曜の日没までの「安息日」や祝日を、家族や親戚や友人が大勢で集まって過ごすことが多く、こうした家族観にも支えられ、子どもたちは幼いころから多くの大人と関わって成長します。

子どものころから多くの大人に囲まれて育つのはイスラエルに限らず、アラブ世界でも同じです。

（6）イスラエルの親たちの教育方針は、「好きなこと、得意なことがあれば、できるだけ目立ってみんなに見せなさい」というもので、これによって、子どもの自尊心が育まれます。いくら得意なことがあっても、他人が知らなければできないのと同じ、という考えを持っているのです。

また、イスラエル人は勉強は大事なものと考えていますが、それはいい大学に入り、いい就職をするためではありません。「自分の好きなことをするための選択肢が広がるように、勉強をしておきなさい」という考えからくるものなので、〝学歴〟を気にしません。「好きこそものの上手なれ」という考え方から、好きなことを追求する学び方や生き方を優先しています。

このような背景もあり、イスラエル人は「正しいことを答えるより、正しい質問をする方が大事である」と考えています。

人に聞いたり調べたりすれば、いくらでも正しい答えにたどり着くことができる。そのためには、「正しい問いを立てることを学びなさい」というものです。

「正しい問いを立て、考え、行動に移す」

この考え方こそ、閉塞する日本社会を打破する羅針盤だと、私は思います。

イスラエルの出生数の多さは、信仰するユダヤの教えとともに、ユダヤ人がたどってきた苦難の歴史や国の成り立ちとも無関係ではありません。

民族的な惨劇ホロコーストを経験し、イスラエル建国を認めないアラブ諸国などとの紛争が今も続いています。

その影響で、ユダヤ人は「自力で勝ち取った国を存続させるために子孫を残すこと」へのこだわりが、自然と社会に浸透しています。

いつ、また、周辺国と戦争を始めるかもしれない。何かあったときに、子どもが一人だけでは心もとないという感覚、子どもの数への強いこだわりを下支えするものとして、日常に死が隣り合わせで組み込まれている危機感があるのだと思います。

日本では、２０２３年４月26日、国立社会保障・人口問題研究所が、２０５６年には日本の人口が１億人を下回るとの予測を公表しました。

未来を生きる子どもたちを育て、戦争とは無縁で平和に暮らすことのできる社会を作ることは、国力の源泉であり、万国共通の願いです。

# 参考文献・ウェブサイト


**第1章**

●週刊エコノミストOnline　2022年3月17日
《戦時経済》【ウクライナ侵攻】どうする日本のサハリンLNG　エネルギー戦争が始まった　金山隆一

●プレジデントオンライン　2022年6月8日
世界の潮流2022－23スペシャル「政治家に恵まれていない国」に降りかかった悲劇
大前研一「プーチンの怒りの根源を見抜けなかったゼレンスキー大統領は、決して英雄なんかではない」

**第2章**

●朝日新聞　2023年3月18日
プーチン氏の拘束「三つの可能性」ICC逮捕状、日本にできること　藤原学思

●時事通信社　2022年4月23日
プーチン大統領は法廷に立つのか◆どう裁く戦争犯罪、国際刑事法の今【時事ドットコム取材班】

●日刊スポーツ　2022年5月9日
国際刑事裁判所はプーチン大統領を訴追できるか／浅田正彦同志社大教授に聞く　中嶋文明

●Yahoo!Japan ニュース　2022年11月12日
プーチン大統領を裁くには【後編】：新しい特別法廷の設置と、ヨーロッパ市民、国際刑事裁判所の闘い　今井佐緒里

●週刊経団連タイムス　２０２２年７月７日
ロシアのウクライナ侵攻と国際訴訟戦線の動向　中島啓

**第４章**

●岡本行夫『危機の外交　岡本行夫自伝』（新潮社、２０２２年）
●ＫＩＤＳＮＡ　ＳＴＹＬＥ　２０２０年11月11日
世界の教育と子育て【イスラエルの子育て】

〈著者プロフィール〉
**中川浩一（なかがわ・こういち）**
1969年、京都府生まれ。慶應義塾大学卒業後、1994年外務省入省。1995年～1998年、エジプトでアラビア語研修。1998年～2001年、在イスラエル日本大使館、対パレスチナ日本政府代表事務所（ガザ）、アラファトPLO議長の通訳を務める。2001年～2004年、条約局国際協定課、2004年～2008年、中東アフリカ局中東第2課、在イラク日本大使館、2001年～2008年、天皇陛下、総理大臣のアラビア語通訳官（小泉総理、安倍総理〈第1次〉）。2008年～2011年、在アメリカ合衆国日本大使館、2012年～2015年、在エジプト日本大使館、総合外交政策局政策企画室首席事務官、大臣官房報道課首席事務官、地球規模課題審議官組織地球規模課題分野別交渉官を経て2020年7月、外務省退職。2020年8月から国内シンクタンク主席研究員、ビジネスコンサルタント。著書に『総理通訳の外国語勉強法』（講談社）。

プーチンの戦争

2023年6月20日　第1刷発行

著　者　中川浩一
発行人　見城 徹
編集人　福島広司
編集者　鈴木恵美

GENTOSHA

発行所　株式会社 幻冬舎
〒151-0051　東京都渋谷区千駄ヶ谷4-9-7

電話　03(5411)6211(編集)
03(5411)6222(営業)
公式HP：https://www.gentosha.co.jp/
印刷・製本所　中央精版印刷株式会社

検印廃止


ISBN978-4-344-04112-7　C0095